Q&Aと実例で綴る
実地調査前日までの準備・対応16
実地調査日の対応27
実地調査後の対応11
税と税務調査の基礎知識18

知って得する

税務調査の奥の奥

本音を言います。
私たちは、
こんなことを考えながら
仕事をしています
元調査官に聞く
税務署裏話

大阪総合会計事務所
税理士　清家　裕
税理士　竹内克謹

西日本出版社

まえがき

突然ですが、「税務署はコワい!」と思っていませんか?

税務調査についてみなさんが抱いているイメージ……「こわもて」の男たちがどかどかと事務所や店舗や自宅の茶の間、寝室、トイレまで上がり込んで来て、デスクの引出し、押入れのみならず、本棚や食器棚の裏、靴箱から天井裏、ベランダの鉢植え、果ては犬小屋まで、有無を言わさず調べ上げる……といったものかもしれません。

それは、映画「マルサの女」のイメージと重なっているからではないでしょうか。

「マルサの女」は、国税局の調査査察部(マルサ)が、裁判所長の「捜査令状」を持ち、悪質な脱税犯に向けて行う「強制調査」を描いたもので、税務調査のなかでは非常に特殊な例なのです。

ご安心ください。多くの人たちが受けるのは「任意調査」ですから、横暴な調査ではない……はずです。いや、横暴な調査であってはならないのです。仮に、税務署員の態度を、受ける側（納税者）が〝横暴〟だと感じたなら、すぐさま臆せずそう伝え、改めてもらえばいいのです。

税金は正確に申告し、適正な納税をするのが当然ですが、申告するのは人間ですから、たまには間違うこともあります。税務署側の見解と異なることもあるでしょう。そういった点について、税務署員が「確認」に来るのが税務調査ですから、調査する側・される側とも、どちらが〝上〟でも〝下〟でもない対等な関係です。納税者は賢くなり、堂々と、イヤなことはイヤ、ダメなことはダメと言い、疑問に思うことは質問し、納得できないことは納得できないと伝えればいいのです。もっと言えば、任意調査は、納税者が「税務署員のお手並み拝見」「楽しもう」くらいの気持ちで臨んだらいいものなのです。

「楽しむだって？　税務調査をどう楽しむっていうんだ!!」と目を吊り上げたあなた。あなたにはきっと税務署との苦々しい過去があるのでしょう。お気の毒でした、としか言いようがありません。ここはひとまずその目を下げて穏やかな表情に戻り、この本のページを繰ってみてください。

あるいは、「我々にケンカを売ってるのか」と憤りの税務署のみなさん。それは誤解です。私たちは「申告納税制度」を推奨する税理士です。税務署の方々に法律を遵守したより良い調査、納税者の方々に適正納税を望んでいるからこそ、この本を書こうと思ったのです。そこを勘違いせず、なにはともあれこの本を読んでください。

全国に約7万人いる税理士の中で、私たち大阪総合会計事務所のように「納税者の権利」を強く意識して税務に取り組んでいる税理士は、多数派とはいえないでしょう。だからこそ、私たちは、〝日本の納税環境〟をより良くしていくために、私たちの考え方を世に問いたいと願ってこの本を書きました。この本の中には、納税者の皆さん、税務署の皆さんが驚くと同時に、目から鱗を落とすかもしれないことが詰まっています。

知って得する

税務調査の奥の奥

●目次

第2章 実地調査日の対応

第3章 実地調査後の対応

第4章 税と税務調査の基礎知識

第1章

実地調査前日までの準備・対応

Q1

税務署から電話がかかってきた。まず、どう対応？

サラリーマンから独立して４期目です。初めて、税務署から「○月○日に税務調査に行きます」という電話がかかってきて、あわてています。どう対応するのが賢明ですか？

A

あわてないで、電話の相手の名前、担当部署、調査対象年度などを聞いてメモし、「その日程でいいかどうか、税理士（または会社の幹部ら）と相談して、あとでこちらから電話します」と言って、いったん電話を切りましょう。電話の口調が、決定事項のように聞こえるかもしれませんが、これはあくまで「打診」なのです。「はい、分かりました」と即答してはいけません。

多くは、１週間ほど先の日を指定してくるようですが、納税者にも都合というものがあります。顧問税理士がいる場合は、両者の都合の合う日程を相談する必要もあります。好都合な日を、こちらから申し出たら良いのです。

万が一、思わず「はい、分かりました」と税務署の指定する日を承諾してしまっても、当日までの間なら「都合が悪くなったので、変更してほしい」と連絡して大丈夫なことも覚えておいてください。

なお、納税者に顧問税理士がいて、税務署に「税務代理権限証書」を提出している場合、税務署が税務調査を行うにあたっては、法律上、納税者だけではなく税理士にも通知するように決められていて、通常は先に税理士に連絡をしてきます。ただし、国税局によっては、税理士法の規定どおり納税者に先に通知するところもあります。

Q2 日程は変更できる？

調査日の日程はだれが決めるのですか？　税務署が決めた日程に合わせないと、心証が悪くなることはありませんか？　また、こちらの都合で一度決めた日程を変更することもできますか？

A

調査日や日程は税務署の都合で決められる場合がほとんどなので、こちらの都合が悪ければ変更してもかまいません。すでに決まった日程、時間が都合が悪くなった場合も、常識の範囲で変更できます。その理由は「都合がつかなくなったから」だけで十分で、実際のところは仕事の都合のみならず、プライベートな用ができたからでも一向にかまいません。

たいていの税務調査は平日の午前10時ごろから始まり午後4時ごろ終わりますから、特別なケースを除いて、土・日曜とか、早朝や夕方以降という指定は無理でしょう。また、2日以上に渡って税務調査が行われる場合は、納税者としては初日の日程だけ決めて、その後の日程は初日の調査が終了してから決めるとよいでしょう。

いずれにせよ、ある程度の変更で税務署員の心証が悪くなるようなことはありません。税務調査はあくまで納税者の事業の邪魔をしない範囲でというのが前提です。

Q3 なぜウチが選ばれたのか聞いていい？

税務調査の対象となる事業所は、どこかに問題があるなど何らかの理由があるからだと思われます。準備できることがあれば、事前に行っておきたいのですが、なぜウチが税務調査に選ばれたのか、調べたい内容や理由を電話で聞いても大丈夫ですか？

A

もちろん大丈夫です。むしろ聞くべきです。「どういう理由で来られるんですか？」「何人で？」「何時ごろ？」など税務調査の目的をつかめるようなことを質問しましょう。税務署員の答は「定期的な調査です」「収入と費用の確認です」がせいぜいで、明確な答が返ってくる可能性はまずありませんが、聞くという姿勢が大事です。それが納税者としての権利であり、納税者の権利をわきまえているという意思表示にもなります。

税理士側からは、税務調査が入りそうかなと直感できるケースがあります。たとえばA社が事業用として使用していた高級車を売却して、高額の損失が出ている場合です。確定申告ではそれを売却損という項目で入れますが、決算では目につくものですから、例年とは違う動きがあったとして税務署は注目します。税理士も長年の経験から税務調査が入るかもしれないないなと察知できるわけです。

税務署との電話のやりとりでは、正々堂々としているのがいちばん。そわそわしたり、気になっている素振りを見せないことが大切です。

Q4 税務調査を断ってもいい？

税務調査なんて受けたくないというのが本音です。税務調査は納税者の同意がなければできないと聞きましたが、それなら、断ってもいいのでしょうか？

A

結論を言えば、税務調査は断ることはできません。

ほとんどの税務調査は任意調査で、納税者の同意を得なければ行えませんが、所得税法第234条、法人税法第153条で、納税者（個人事業主、法人の場合は代表取締役）には、税務調査に応じる義務（受忍義務）が課せられているからです。

ただし、受忍義務があるのは、納税者本人だけで、家族や従業員には受忍義務はありません。調査官が「別に社長さんがいなくても大丈夫ですよ。奥さんか経理の人がいれば調査できますから」などと言ったら、「税務調査の受忍義務者は社長ですから、まず、私に聞いてください」と答えましょう。

税務調査は法のルールに則り、納税者はその権利を臆せず行使して行われなければなりません。「税務調査は国民の義務です」と〝上から目線〟の強い口調で言う調査官には、「任意調査は納税者の承諾と協力がない限り、調査は行えないはずです」と、こちらに権利意識があることを伝えておきましょう。

なお、任意調査といえども、税務署員に対する不答弁、検査拒否は、刑罰（懲役または罰金）も定められているので、税務署員に「調査拒否をされた」と認識される答弁は慎まなければなりません。

Q5 調査官は何人でやって来る?

税務調査官は何人で来るのでしょうか? 大勢で会社や自宅に押しかけられるのは怖いです。ドラマや映画などでは5～6人がいっせいにやって来るというイメージがあるんですが……。

A

一般調査には、1人～2人で調査に来ることが多いようです。

税務署の税務調査を担当する部署は、

・統括国税調査官
・上席国税調査官
・国税調査官
・財務事務官

で構成されています。

2人で調査に来た場合には、1人の調査官が売上について調べる間に、もう1人の調査官が給料に関して調べるというように、効率的に調査します。税理士が立ち会っても、2人から同時に質問されると答えられないので、社長にも質問がいきますが、「税理士から答えさせます」と言ってください。

なお、特別調査（現況調査）、国税局の調査部調査（目安として、資本金1億円以下の会社には税務署、1億円超の会社には国税局の調査部が行う）、リョーチョー調査（国税局資料調査課＝略して「料調」が行う）の際の調査官数は4～5人以上となることが多く、まちまちです。何人の調査官が来るか気になるなら、遠慮せず、事前に電話確認しましょう。

Q6 女性調査官をリクエストできる？

最近は女性調査官も増えたと聞きます。当方は女性クリニックで、スタッフも患者さんも女性ばかりです。クリニック内の雰囲気も含め、女性調査官のほうが何かと対応しやすいと思うのですが、こちらから「女性調査官にしてください」とリクエストはできますか？

A

残念ながら、女性の調査官を希望するのは難しいでしょう。女性調査官は増えてきていますが、基本的に、男女の属性は職務と無関係ですから。もっともダメ元で、「女性クリニックであるため、患者さんの気持ちを配慮し、女性調査官に来てほしい」と、きちんと細かい理由を述べてリクエストしてみるとよいかもしれません。

なお、２００９年７月、東京国税局の渋谷税務署と板橋税務署に女性のみ（６人）の部門が誕生しました。特に渋谷は美容関係やアパレルなど主に女性を対象とするショップが多いため、このような業種の税務調査に女性の視点を生かそうという目的だそうで、先の展開が楽しみです。

Q7 帳簿類、何と何を揃えておくべき？

初めての税務調査で何から用意すればいいのか不安です。まず帳簿類はどういったものを準備しておけばいいでしょうか？　注意すべき点はありますか？

A

税理士は、税務調査で見せなければいけない書類作りをしているわけですから、顧問税理士のいる事業所は、自分で判断せずに、税理士の指示にしたがってください。

必要な書類としては、現金出納帳、預金出納帳、売掛帳、買掛帳、手形帳、請求書、領収書、契約書、給与台帳、年末調整にまつわる所定の書類、決算書に載っている数字の裏付けになるような書類などです。これらが揃っているか確認し、準備しておきます。パソコンに保存されている書類に関しては、基本的には文書に打ち出しておく必要があります。

特に気をつけたいのは、これらの書類に付せんを貼ったり、チェックを入れたりしていないかです。調査官にここを見てくださいと提示しているようなものですから、確認し、必ずはずしておきましょう。

調査がスムーズに進むためにも書類の整理、準備は大切です。また、きちんと準備できていれば、書類関係が整っている会社として調査官の印象もよくなるはずです。

帳簿類以外では、念のため、テープレコーダーとビデオカメラ、デジカメも用意しておきましょう（第２章Ｑ７＝58〜59ページ参照）。

Q8 帳簿類を紛失。どうしよう？

税務調査の日程が決まり、調査日が目前に迫ってきました。ところが、肝心の帳簿類の一部が見当たりません。どのように対応したらいいでしょうか？

A

あわてないで、まずどの帳簿を紛失したのか確認しましょう。それでも見つからなければ、顧問税理士がいる場合は、税理士から税務調査官に伝えてもらってください。

　支出内容が帳簿に残っていて、領収書や請求書がない場合には、調査官の指導扱いで済むこともあります。しかし、調査官のなかには「意図的に隠しているのでは？」といった疑いを持つ人もいて、大きな取引金額の領収書や請求書を紛失したケースでは、取引先に再発行してもらい取り寄せるよう指示されることもあります。

　帳簿がパソコンのデータに残っていれば帳簿内容をプリントアウトできますが、領収書類を紛失した場合は、税務調査の日までにそれぞれの取引先に領収書の再発行を依頼するなど、極力取り揃えておきましょう。

　帳簿関係の大部分を紛失している場合は、ペナルティとして青色申告を取り消される可能性があります。帳簿類の紛失は会社の信頼に関わる問題ですから、くれぐれも気をつけてください。

Q9 「お土産」の用意、いる？

税務調査では、「お土産」を用意しておかないとなかなか終わらないと聞きました。この「お土産」というのは、いったい何ですか？

A

「お土産」とは、税務調査で何も問題点が見つからなければ、調査官が業績を残せず税務署に帰りづらいので、納税者があらかじめ帳簿上に適度な間違いをしておくものです。

「お土産」の用意はまったく必要ありません。

特に最近は、調査官が1年間に調査する件数が増えているため、1件あたりの調査日数は2～3日程度しかとれないのが実情です。つまり、調査日数は税務署の都合でほぼ決まっているので、「お土産」のあるなしが調査時間に影響を与えることはありません。私たちの過去の経験からも、「お土産」がないために調査が長引いたケースは一度もなかったばかりか、調査を受けて何の問題もなかった後、7〜8年にわたって調査が入らなかった会社もたくさんあります。

逆に、お土産を用意している納税者は、税務署にとって税金を取りやすい「いいお客さん」になってしまいます。一度でも「お土産」を渡すと、税務署はその会社を「調査すれば何かでそうな会社」としての烙印を押し、3年に1回必ず調査が入ることになりかねません。

お土産は、いわば危険な落とし穴。常に適正申告で問題のない調査実績を残すことが、何よりの税務調査対策です。中には「お土産を用意しておいたほうがいい」という税理士もいるようですが、私たちは決してそうは思いません。

Q10 応対する部屋は、どこがいい？

税務調査の日程が決まりました。事務所内は整理しておいたほうがいいでしょうか？話しやすい場所を別に用意しておいたほうがいいでしょうか？

A ベストは、帳簿類などを何も置いていない、テーブルと椅子だけのある応接間です。調査官が落ち着いて調査に専念できる部屋が理想です。掃除や整理整頓は、特に必要ないでしょう。

また、調査当日といえども、従業員には仕事がありますから、調査が気になり仕事ができないということにならないよう、従業員への気配りもしたいものです。万が一、調査官が事業所内を動き回ることになると、その間に従業員に話しかける可能性も出てきます。「今している業務は?」「その書類は?」と話しかけられると、従業員は気が散って、仕事に集中できません。そのようなことにならないためにも、調査官が落ち着いて調査できる部屋を確保したいものです。

必要な帳簿や書類は、調査官が求めてから出すのが鉄則です。たとえば、調査官に「元帳を見せてください」と言われたら、「何期分要りますか?」と聞いてから、求められた期の分だけを持ってきて税理士に渡し、見せます。その元帳を見ながら「請求書と領収書を見せてくれませんか?」と言われれば、その請求書と領収書を持ってきて見せます。もっと言えば、「税務調査でなぜ必要なのか」を聞き返して確認してから、必要書類を取りに行きたいものです。

なかには、製品の製造過程の秘密事項や生産工程のノウハウなど、税務調査と関係のない書類を見たいと要求する調査官がいますが、それは断らなくてはなりません。会社案内を求められることも多々ありますが、求められてから取りに行って見せるようにしましょう。取りに行くときに、調査官が「ついていきます」と言っても、「結構です」と断り、その部屋で見てもらってください。調査官がトイレに行く場合も、案内を兼ねて同行したいものです。

書棚については、整理整頓はしておくべきでしょう。税務調査に関係のない書類は取り除き、直接関係のある帳簿だけを取り出せるようにしておきます。

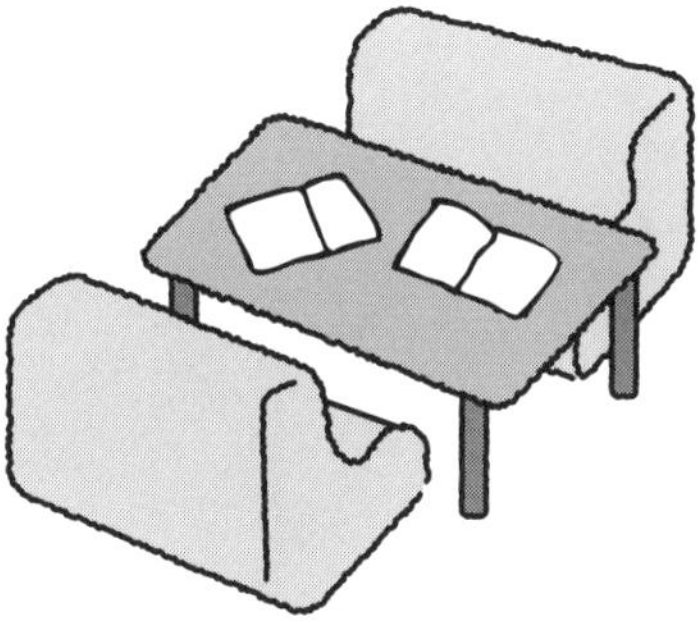

Q11

調査日数は平均何日？

税務調査は何日くらいかかるんでしょうか？「半日で終わった。あっと言う間だった」という友人もいれば、「3日間、みっちり調べられた」という知人もいます。もちろん、短いほうがありがたいのですが……。

A

臨場して行われる日数は、別段決められていません。売上規模が大きくなく、簡易な調査であれば、半日で終わることもあるでしょう。

しかし、調査の中で不審点が生じたり、質問への納税者の回答が税務署側との間に見解の相違が見られた場合などには、それより延び、また一般調査では平均2～3日だとお考えください。

この2～3日以外に、調査官が1件の調査をするにあたって、2～3日にわたって銀行や取引先から情報収集し、追徴税の打ち合わせや調査報告書の作成に1日かけられている

	1日	2日	3日	4日	計
2006年度（06年7月～07年6月）	2件	10件	1件	3件	16件
2007年度（07年7月～08年6月）	8件	5件	------	1件	14件
2008年度（08年7月～09年6月）	11件	3件	1件	3件	18件
2009年度（09年7月～10年6月）	8件	6件	1件	1件	16件

大阪総合会計事務所の関与先の調査日数

ようです。

なお、リョーチョー（料調）調査や特別調査の場合は、この限りではありません。

大阪総合会計事務所の関与先の調査日数は、上表のとおりです。

Q12 立会人を呼んでもいい？

普段は自分で確定申告しています。このたび初めて税務調査を受けることになりました。税理士さんやその他の人に立ち会ってもらうことができますか？

A

もちろんです。

税務調査にあたって納税者の代理人として調査官に税務に関して主張したり、納税者の権利主張をするのが税理士ですから、税理士に立ち会ってもらうとよいでしょう。顧問税理士がいない場合、税務調査の立ち会いだけを税理士に依頼することが可能です。

もっとも、立会人は必ずしも税理士だけに限られるものではなく、信頼できる人や仲間に立ち会ってもらうのもよい方法だと私たちは考えます。

税金をとるプロである調査官と対等にわたりあうのは大変ですし、調査官の行き過ぎた行為から、納税者の人権が侵害される場合があります。そのため、納税者の人権や財産権の点から、どんな税務調査が行われるかということを目的とした第三者の立ち会いは認められるべきです。

　税理士や立会人のいない税務調査の現場では、納税者が税法を知らないため、任意調査であるにもかかわらず、国税犯則取締法による強制調査まがいの厳しい調査が行われ、納税者に大変な負担を負わせることがあります。したがって、納税者の人権を守るために、税務調査の現場で納税者自身が自己の主張をきちんと行うとともに、調査官が法律に基づいた調査を行っているか、権力を背景とした納税者の人権侵害がないかをチェックするためにも立会人が必要です。

　もっとも、現在のところ、税務署は、税理士以外の立会人を認めていないようです。調査官に守秘義務があり、第三者の立会人がいると守秘義務を守れないからというのが、税務署の言い分です。しかし、納税者自身が自己の「秘密」を立会人に知られてもよいとしているわけですから、その言い分は理屈にあいません。なお、納税者や立会人が「秘密」を漏洩した場合は、納税者や立会人の責任です。

Q13

映画「マルサの女」のような税務調査になる？

税務調査を受けることになりましたが、映画「マルサの女」を思い出し、もし自分があんな目に遭ったら……と不安です。いきなり、マルサの女のようなキツい女性が押しかけてきて、会社や自宅を荒らされるなんてことはないでしょうか？

A

ご安心ください。「マルサの女」に描かれた調査と、一般的な「税務調査」とはまったく別のもの。税法に規定されている内容も、まったく異なります。

税務調査には、「強制調査（マルサ）」と、「任意調査」の2種類があります。

「強制調査」は国税庁直轄の全国に12カ所ある国税局（沖縄国税事務所を含む）の調査査察部が行うもので、いわゆる「マルサ」といわれる、納税者の同意なしにできる調査（査察部の「サ」を「○」で囲んで「マルサ」）です。裁判所の「捜査令状」を取って、脱税の疑いのある納税者の事業所や自宅、関係先に突然行って、有無をいわせない家宅捜査（俗

査察調査の状況 （平成20年度）

着手件数	処理件数	告発件数	脱税額（総額）		脱税額（告発分）	
				1件当たり		1件当たり
件	件	件	億円	百万円	億円	百万円
211	208	153	351	169	249	163

にいうガサ入れ）をします。犯則事件の資料を集めるのが目的ですから、ドアをこじ開け、天井や床をはがし、金庫を無理やり開けるといったこともあり得ます。

対象となるのは、大口で悪質な脱税の疑いのある納税者で、「突然」といえども、国税局調査査察部が事前に半年～１年の内偵調査を行い、限りなく「クロ」に近いという確証のあるところにのみ行なわれます。２００８年度（平成20）には、全国で年間２１１件行われたようです。対象者は刑事事件として起訴され、有罪なら実刑もあり得ます。

一方、「任意調査」は、国税局の調査部や税務署（全国に５２４の税務署があります）が納税者の同意を得て行う調査です。土足で上がり込んで行くようなマルサの調査とは大きく異なります。

自分が受ける調査が、任意調査か強制調査かを見極めるポイントは、調査官が裁判所の捜査令状を持っているかどうかです。ほとんどの調査は任意調査ですから、この本の読者のところには、「マルサの女」が乗り込んできて、いきなり荒い行動に出られることはまずあり得ません。

Q14

調査官の「質問検査権」って何？

税務調査日が近づいてきています。調査官には「質問検査権」という調査の権限があると聞きましたが、それは無制限に認められているのでしょうか。

A

税務調査での調査官の権限（質問調査権）については制限があります。質問調査権の範囲をこえた調査は、納税者の権利を無視するばかりでなく違法行為となる場合もあります。

税務署の調査官が行う税務調査は、法人税法や所得税法の規定に基づき質問し検査することにより行われます。

法人税法１５３条には、国税庁、国税局、税務署の当該職員は「法人税に関する調査について必要があるときは、法人に質問し、又はその帳簿書類その他の物件を検査することができる」と規定し、また同法１５６条には、１５３条の規定による「質問又は検査の権限は、犯罪捜査のために認められたものと解してはならない」と定めています。

このように、法人税法では「法人税に関する調査について必要があるとき」にのみ質問検査ができるものとしています。同様に所得税法２３４条でも「所得税に関する調査について必要があるとき」としています。

この場合の税務調査は、納税者の承諾と協力を得ながら行う任意調査で、行政上の権限の行使です。したがってここでの「必要があるとき」は、税務署が勝手に判断するのではなく、客観的に（申告の内容や申請の内容などを前年度の比較、同業者との比較から）必要性がある場合をいうのであり、その納税者を特に調査するための個別的必要性をいいます。

調査官のなかには、質問検査権は、税務調査で何でもできる権限だと思っている人がいるようです。自分が「必要だ」と言ったら、納税者の承諾なしに何でも調査できるものだと勘違いしている人すらいます。

質問検査権は、行政上の権限です。国の行政により、納税者の人権や財産が脅かされたり損害を受けたりすることは、憲法における個人の尊厳や財産権に反することになります。

納税者（国民）の権利を擁護することを目的とするのが国の行政です。納税者の権利を侵す行政上の権限などあってはならないものです。だから質問検査権は無制限の権限ではないのです。

Q15 ところで、税務署は「コワい」もの？

税務調査を受けた脱サラの先輩が、税務署のことを「サラリーマンには痛くも痒くもないけど、自営業者にはコワい存在だ」と言います。個人事業主はなぜ税務署を怖がるのでしょうか？

A 税金をごまかしている人にとっては、税務署はとてもコワい存在でしょう。ごまかしていなくても、何らかのコンタクトがあれば、ドキドキする。「税金を(たくさん)取られるところ」なイメージなのか、有無を言わせぬ税務調査のイメージなのか、決してありがたい存在ではないようです。

しかし、私たちは税務署をむやみに怖がる必要はないと考えます。「税務署がコワい」という人には、「あなたは税務について、どの程度知っていますか？」とお聞きしたい。「あまり知らないけど」「税理士に任せてあるから」と答える人が多いのではないでしょうか。「知らない」から「コワい（イメージ）」をもってしまうのでしょう。

あなたが税務署員の立場に立ってみてください。不正申告が明らかな事業所には「正して、適正納税をさせなければ」と思いますよね。適正申告、適正納税をしている事業所にも、職務使命の下、「この点は間違っていますよ」と指摘したい個所を探そうとしませんか。当然ですよね。私たちは日々の業務のなかで、勇み足の調査官にも出会ってきました。

とすると、勇み足の調査官に「間違っていますよ」と指摘されても、「いいえ、間違っていませんよ」と答えられる納税者になればいいわけですが、「私は経営者だ。税の専門家ではない。税務署員以上の税の知識を持てるわけないし、そんな勉強をする時間より商売をする時間のほうが大切だ」との反論、ごもっともです。

ここまでこの本を読まれたら、もうお分かりいただいたでしょうが、納税者にとって最も大切なのは「納税者の権利」を知ることです。この本を読み終わると、あなたは「税務署なんかコワくない」派に変わっていると思います。

Q16 調査官はどの部署の人？

国税庁、国税局、税務署……。どのような関係になっていて、税務調査に来るのはどの部署の人なんでしょうか。

A 国税事務を行う組織として、財務省の下に国税庁があり、さらにその下に全国に12の国税局（沖縄国税事務所を含む）、524の税務署があります。左ページの表をご覧ください。税務調査は、あなたの事業所が法人なら法人課税部門、個人なら個人課税部門の調査官が担当します。

モデル税務署機構図

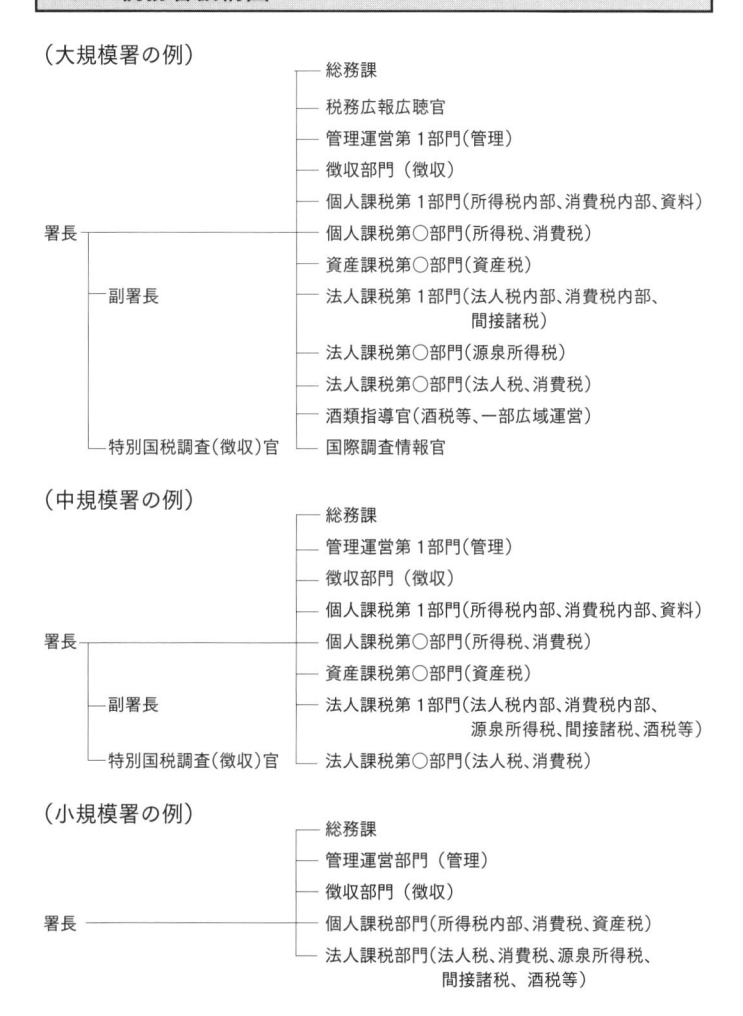

（大規模署の例）

- 署長
  - 副署長
  - 特別国税調査（徴収）官
  - 総務課
  - 税務広報広聴官
  - 管理運営第１部門（管理）
  - 徴収部門（徴収）
  - 個人課税第１部門（所得税内部、消費税内部、資料）
  - 個人課税第○部門（所得税、消費税）
  - 資産課税第○部門（資産税）
  - 法人課税第１部門（法人税内部、消費税内部、間接諸税）
  - 法人課税第○部門（源泉所得税）
  - 法人課税第○部門（法人税、消費税）
  - 酒類指導官（酒税等、一部広域運営）
  - 国際調査情報官

（中規模署の例）

- 署長
  - 副署長
  - 特別国税調査（徴収）官
  - 総務課
  - 管理運営第１部門（管理）
  - 徴収部門（徴収）
  - 個人課税第１部門（所得税内部、消費税内部、資料）
  - 個人課税第○部門（所得税、消費税）
  - 資産課税第○部門（資産税）
  - 法人課税第１部門（法人税内部、消費税内部、源泉所得税、間接諸税、酒税等）
  - 法人課税第○部門（法人税、消費税）

（小規模署の例）

- 署長
  - 総務課
  - 管理運営部門（管理）
  - 徴収部門（徴収）
  - 個人課税部門（所得税内部、消費税、資産税）
  - 法人課税部門（法人税、消費税、源泉所得税、間接諸税、酒税等）

（注）各部門の（　）内は、主たる事務内容。

国税事務を行う組織として、国税庁の下に、全国12の国税局（沖縄国税事務所）と全国524の税務署があります。（注1）

税務署（518）

税務署では、納税者との窓口であり、第一線で国税事務を担う行政機関です。（4万3,731人、77.7%）

総務課

税務広報公聴官

管理運営部門

納税証明の発行、申告書・申請書等の受付や税に関する一般的な相談のほか、国税債権の管理、還付の手続、延納・物納に関する事務、現金の領収などを行っています。

徴収部門

納付の相談や滞納処分などを行っています。

個人課税部門

所得税や個人事業者の消費税などについての相談・調査を行っています。

資産課税部門

相続税、贈与税、土地建物や株式などを譲渡したときの所得税などについての相談・調査を行っています。また、相続税などの計算の基準となる路線価などを決める作業も行っています。

法人課税部門

法人税、法人の消費税及び源泉所得税のほか、印紙税及び揮発油税などの相談・調査を行っています。

酒類指導官

酒税などの相談・調査や酒類販売免許に関する事務などを行っています。

税務署（6）

（注）1．各部署の人数、%は、平成22年度の定員及び国税庁全体の定員に占める割合を示しています。

2．国税審議会では、①国税不服審判所長が国税庁長官通達と異なる法令解釈により裁決を行うなどの場合において、国税庁長官が意見を求めた事項の調査審議、②税理士試験の執行及び税理士の懲戒処分の審議、③酒類の表示基準の制定などを審議しています。

国税組織の機構

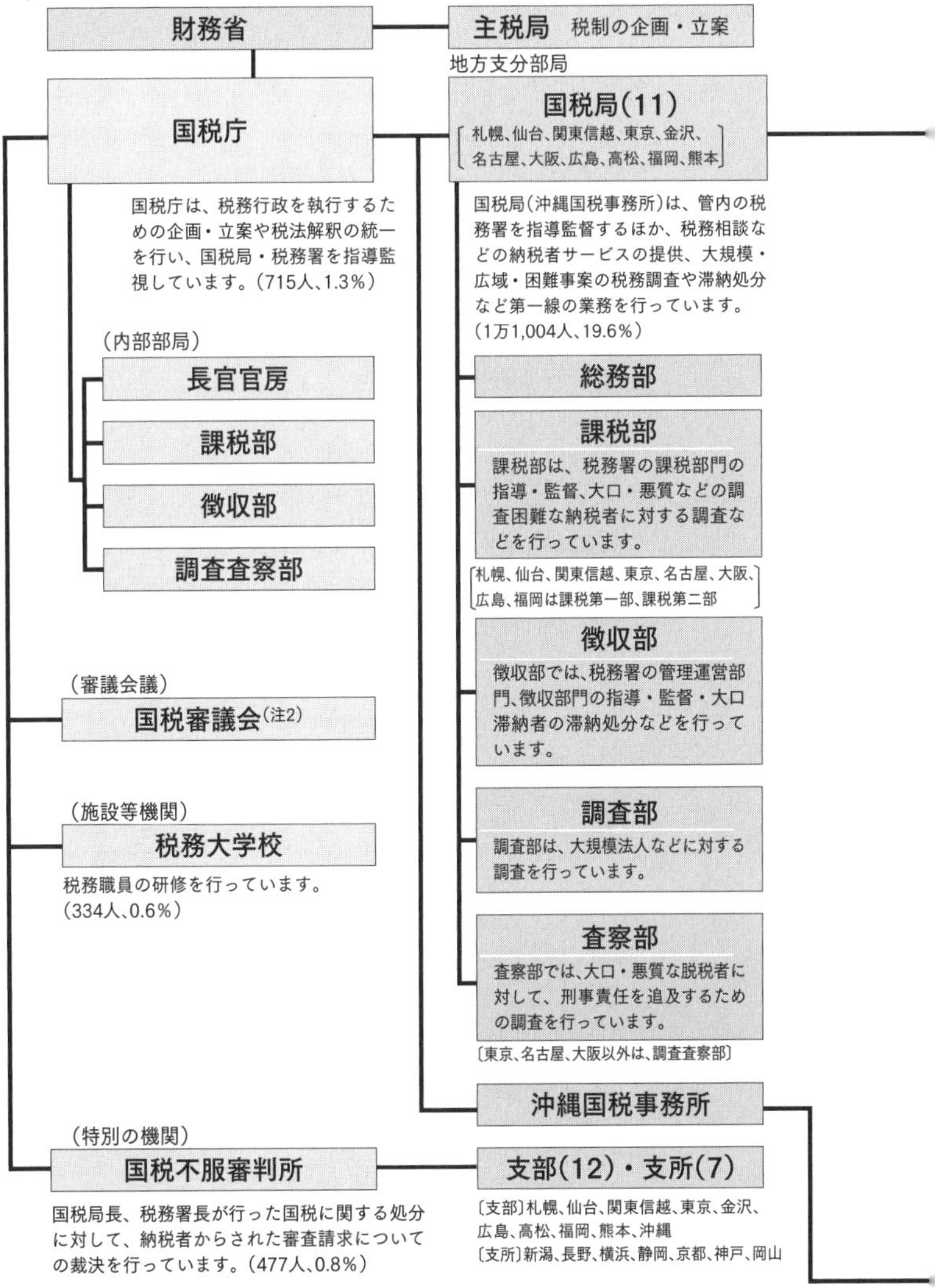
財務省
主税局 税制の企画・立案
地方支分部局
国税庁
国税庁は、税務行政を執行するための企画・立案や税法解釈の統一を行い、国税局・税務署を指導監視しています。（715人、1.3%）
（内部部局）
長官官房
課税部
徴収部
調査査察部
（審議会議）
国税審議会（注2）
（施設等機関）
税務大学校
税務職員の研修を行っています。（334人、0.6%）
（特別の機関）
国税不服審判所
国税局長、税務署長が行った国税に関する処分に対して、納税者からされた審査請求についての裁決を行っています。（477人、0.8%）
国税局（11）
［札幌、仙台、関東信越、東京、金沢、名古屋、大阪、広島、高松、福岡、熊本］
国税局（沖縄国税事務所）は、管内の税務署を指導監督するほか、税務相談などの納税者サービスの提供、大規模・広域・困難事案の税務調査や滞納処分など第一線の業務を行っています。（1万1,004人、19.6%）
総務部
課税部
課税部は、税務署の課税部門の指導・監督、大口・悪質などの調査困難な納税者に対する調査などを行っています。
［札幌、仙台、関東信越、東京、名古屋、大阪、広島、福岡は課税第一部、課税第二部］
徴収部
徴収部では、税務署の管理運営部門、徴収部門の指導・監督・大口滞納者の滞納処分などを行っています。
調査部
調査部は、大規模法人などに対する調査を行っています。
査察部
査察部では、大口・悪質な脱税者に対して、刑事責任を追及するための調査を行っています。
〔東京、名古屋、大阪以外は、調査査察部〕
沖縄国税事務所
支部（12）・支所（7）
〔支部〕札幌、仙台、関東信越、東京、金沢、広島、高松、福岡、熊本、沖縄
〔支所〕新潟、長野、横浜、静岡、京都、神戸、岡山

関係官庁所在地、管轄区域一覧表

名称	所在地	管轄区域
財務省	東京都千代田区霞が関 3 丁目 1 番 1 号 〒 100-8940 ☎ 03-3581-4111	
国税庁	東京都千代田区霞が関 3 丁目 1 番 1 号 〒 100-8978 ☎ 03-3581-4161	
国税不服審判所	東京都千代田区霞が関 3 丁目 1 番 1 号 〒 100-8978 ☎ 03-3581-4101	
税務大学校	東京都千代田区霞が関 3 丁目 1 番 1 号 〒 100-8978 ☎ 03-3581-4161	
同　和光校舎	和光市南 2 丁目 3 番 7 号 〒 351-0195 ☎ 048-460-5000	
札幌国税局	札幌市中央区大通西 10 丁目（札幌第二合同庁舎） 〒 060-0042 ☎ 011-231-5011	北海道
仙台国税局	仙台市青葉区本町 3 丁目 3 番 1 号 （仙台合同庁舎） 〒 980-8430 ☎ 022-263-1111	青森県、岩手県、宮城県、秋田県、山形県、福島県
関東信越国税局	さいたま市中央区新都心 1 番地 1 （さいたま新都心合同庁舎 1 号館） 〒 330-9719 ☎ 048-600-3111	茨城県、栃木県、群馬県、埼玉県、新潟県、長野県
東京国税局	東京都千代田区大手町 1 丁目 3 番 3 号 （大手町合同庁舎 3 号館） 〒 100-8102 ☎ 03-3216-6811	千葉県、東京都、神奈川県、山梨県
金沢国税局	金沢市広坂 2 丁目 2 番 60 号（金沢広坂合同庁舎） 〒 920-8586 ☎ 076-231-2131	富山県、石川県、福井県
名古屋国税局	名古屋市中区三の丸 3 丁目 3 番 2 号 （名古屋国税総合庁舎） 〒 460-8520 ☎ 052-951-3511	岐阜県、静岡県、愛知県、三重県
大阪国税局	大阪市中央区大手前 1 丁目 5 番 63 号 （大阪合同庁舎 3 号館） 〒 540-8541 ☎ 06-6941-5331	大阪府、京都府、兵庫県、奈良県、和歌山県、滋賀県
広島国税局	広島市中区上八丁堀 6 番 30 号（広島合同庁舎 1 号館） 〒 730-8521 ☎ 082-221-9211	鳥取県、島根県、岡山県、広島県、山口県
高松国税局	高松市天神前 2 番 10 号（高松国税総合庁舎） 〒 760-0018 ☎ 087-831-3111	徳島県、香川県、愛媛県、高知県
福岡国税局	福岡市博多区博多駅東 2 丁目 11 番 1 号 （福岡合同庁舎） 〒 812-8547 ☎ 092-411-0031	福岡県、佐賀県、長崎県
熊本国税局	熊本市二の丸 1 番 2 号（熊本合同庁舎 1 号館） 〒 860-8603 ☎ 096-354-6171	熊本県、大分県、宮崎県、鹿児島県
沖縄国税事務所	那覇市旭町 9 番地（沖縄国税総合庁舎） 〒 900-8554 ☎ 098-867-3601	沖縄県

第2章

実地調査日の対応

Q1 アポなしで突然、調査官がやってきた。困ります！

小売業を営んでいますが、何の連絡もなく税務署の調査官だという人が「税務調査です」と店に来ました。税務調査は事前に連絡があると聞いていますし、帳簿類はもちろん、気持ちの準備もできていません。それでも対応すべきですか？

A

税務調査は強制調査を除いて、納税者の承諾が必要な任意調査です。税務調査を行うには事前に連絡をすべきですから、あわてず対応し、突然の調査ははっきり断りましょう。それで帰らない場合は、顧問税理士がいるなら、連絡を取り、電話で調査官とやり取りをしてもらいます。

それでもまだ帰らない場合は税理士に駆けつけてもらってください。その間、調査官には何もしないで待ってもらいましょう。

顧問税理士がいない場合は、やって来た調査官の直属の上司である税務署の統括官に電話をして、調査官の退去を指示するよう交渉、依頼しましょう。そこで、統括官までが「調査させてほしい」と言うなら、さらにその上司と話がしたいと押し問答をしてでも、断固として受け入れない姿勢を示します。「今回は少しだけで」といった調査官の言葉に乗せられ、少しでも帳簿書類などを見せると、次々と求められ、やみくもに調査に入ってしまわれる可能性があります。

納税者は調査を受けなければいけない受忍義務があると同時に、納税者として紳士的に調査を受ける権利を持っています。税務署は税金のためなら問答無用に何をしていいのだということはありません。

なお、飲食店などの現金商売は、「無予告で税務調査を行うことが認められている」との見解もあるようですが、私たちは、それは法的根拠がなく、現金商売であっても事前通知が必要と考えます。

●こんな事例

関与して1年の建設会社の社長から、ある朝、

「いきなり税務署の人が5人やって来て、横柄な態度で『帳簿を見せろ』『ロッカーの中を見せろ』と言われびっくりしている。営業にも差し障る。帰ってくれと言っても帰らない。どうしたらいいか?」

と電話がかかってきました。

私は2人の職員を同伴して、すぐさまタクシーでその建築会社に駆けつけました。到着したとき、恐れをなした社長はその場から逃げて、もぬけの殻。調査官が、経理担当の女性に「帳簿を見せろ」と詰め寄っていましたが、機転を利かせたその女性が「勝手に見せたら、社長に怒られるから」と拒否しているところでした。

私は調査官に「令状を持っているのか。令状のない任意調査は、納税者の承諾なしにできない。帰ってくれ」と強く抗議。

1時間以上の押し問答の末、税務署員を帰らせることができました。

その後、税務署に行き、

「突然の調査に、納税者が応じられないと言っているのに、どういうことか」

と調査の理由を糾しました。

「税理士が変わって初めての申告。以前の税理士さんの申告と仕方が異なっている。粗利が減っ

ているので、突然行って、ありのままを見せていただきたかったから」との回答でした。工事代金に、設備什器の額を含めて計上していたのですが、以前の税理士さんは設備什器の額を売上からも仕入からもはずして申告していた。つまり、それだけのことで、「事前に質問してくれたら、すぐに説明のつく話だ。抜き打ちで調査をやるとは無茶苦茶だ」「しかも、社長が『今日は都合が悪いので、調査を受けられない』と言っているのに、帰らないとは何ごとだ」と、統括官に抗議しました。

Q2 「身分証明書を見せて」と言っていい？

税務調査がいよいよ始まります。調査官がやって来たとき、まずどう言えばいいですか？「身分証明書を見せて」とまで言っていいのですか？

A

もちろんです。税務調査で最初にすることが身分証明書の確認です。調査官は税務調査に行く際、身分証明書を携帯し、納税者に提示を求められたら、見せなければいけない義務があり、納税者は提示を求める権利があるのです。

上席以上の調査官は、たいてい名刺を持っています。彼らは、まず名刺を出してきて、納税者、税理士と名刺交換をしますが、それだけで身分確認ができたと思ってはいけません。名刺を受け取った後、「身分証明書を見せてください」と請求し、官職名、名前、生年月日をしっかりと確認し、メモに書き写しましょう。名刺を持たない調査官にも、同様です。こうした身分証明書の確認が「主権者は納税者である」という自覚につながり、また調査官に納税者の権利を心得ている者と思わせることにより、その後に始まる調査がスムーズに運ぶことにつながります。

納税者は、このように最初に税務署員としっかり対峙すると、落ち着いて対応することができるのです。

なお、立ち会う税理士もまた、名刺だけでなく、日本税理士会連合会発行の税理士証票を提示しないといけません。

Q3 税理士に任せて、逃げ出してもいい？

日頃、税務書類の作成はすべて顧問税理士に任せています。税務調査で調査官からいろいろ質問されると、しゃべってはいけないことまでポロッとしゃべってしまいそうです。税理士に任せて、私はその場にいないほうがいいと思うのですが……。

A

納税者であるあなたが逃げてはいけません。

すべて税理士に任せっきりというのは、いかがなものでしょうか。書類作成面では任せていても、事業経営の最終責任者は納税者自身であるという認識をもって税務調査に臨む姿勢が大切です。

また、「税務関係はすべて税理士に任せているので、そちらに聞いてください」と調査官に言うのもタブーです。税理士に任せてしまうことで密室談合的に税務調査が終わり、納税者は納得のいかない結果だけを聞かされたという事例もあります。

ベストなのは、納税者も税理士も同席すること。普段の取引については納税者が説明して、税法的な質問には税理士に対応してもらうのがいいでしょう。調査が終わって問題点を指摘され、「後日、税務署に来てください」と言われた場合も、納税者と税理士で相談して、一緒に税務署に行くことです。なかには、「悪いようにしないから、すべて任せておいてください」と言う税理士もいるようですが、私たちはそうは考えません。

私たちは、税務調査は納税者にとっての「学校」だと考えています。納税者が学ぶべきことを学んで、言いたいことをきちんと言う。そうすれば、税務調査が楽しくなり、納税者の権利義務も身につくはずです。

Q4 従業員や家族も一緒に立ち会うほうがいい？

税務調査当日は、何人ぐらいで対応すればいいのでしょうか？　調査官の人数に合わせたほうがいいとも聞きます。従業員や家族も一緒にいたほうがいいですか？

A　会社によって千差万別です。社長の社内での役割にもよりますが、経理担当者や妻など家族事業専従者が立ち会ったほうがよいケースがないとはいえません。しかし、税務調査の受忍義務があるのは、あくまでも代表者で、従業員や家族に受忍義務はありません。

仮に、税務調査の日程を決める際に、社長のスケジュールが詰まっていてなかなか決まらないときなど、調査官が「社長さんはお留守でも、経理担当者がいれば大丈夫ですよ」と言ってくるケースがあります。しかし、調査対象は代表者である社長ですから、経理担当者に任せてはいけません。たとえば帳簿書類の詳細について、社長が覚えていない事項で、調査官の質問に答えられないときは、「ちょっと待ってください。経理担当に聞い

てきます」と席を立ち、経理担当者に聞いてきてから、回答するのがベストです。どうしてもそれが難しい場合のみ、実務担当者に職責の範囲内で応じさせましょう。あくまで実務担当者の職責の範囲を超えないことが大切です。

なお、調査官の人数が多い場合は、こちらの立ち会う人数もそれなりに増やすほうがいいと考えます。

Q5 最初の挨拶は何と言うべき？　普通に世間話もしていい？

もうすぐ初めての税務調査を受けます。帳簿類の準備も終わりました。調査官との最初の挨拶はどんな感じがいいのでしょうか？　世間話にうかつにのってはいけないと聞きましたが、笑顔で対応するのが好印象となりますよね？

A

最初の挨拶は、普通に「おはようございます」で大丈夫です。

たいていの税務調査は、当たり障りのない世間話から始まります。この世間話こそ気をつけるべきと言う人もいますが、それほど気にすることはないと思います。

私たち税理士はまず季節の話など気楽な話からしかけます。その調査官が住んでいる場所や交通手段、税務署での職歴……。たいていは普通に答えてくれて、角の立つようなことを言う人はいません。職歴を聞くのは、間税部門から法人部門に異動になったというなら間税に強いのだろうなどと、調査官の力量を推し量るため。査察部にいたと聞くと、気をひきしめます。話すうちに出身大学が同じだったり、同郷だったりが分かることもあり、そうすると打ち解けやすくなります。

税務調査もコミュニケーションが大切です。世間話をして、ある程度打ち解けて、笑顔で対応できるようであれば、調査もスムーズに運ぶはずです。

ただし、趣味の話であれ、政治の話であれ、社会問題の話であれ、調査官は「税金を取ること」を意識しながら、会話をしてくると考えられます。何気ない会話の中でも、その後の調査の糸口になる場合もあるので気を抜いてはいけません。

Q6 税務調査日のタイムスケジュールは？

「朝10時に伺います」とのことでしたが、税務調査の当日は、どのようなタイムスケジュールで進んでいくのでしょうか？

A　1日目、調査官は午前10時ごろに会社に来ます。調査官にもよりますが、一般的には挨拶の後、少し世間話をしてから、会社の概要や社長の経歴などについての聞き取りに入ります。「仕入先は？」「得意先は？」と聞いてきて、その後「会社案内」を見せると、その仕入先、得意先の名前が載っているか、さりげなく確認します。そして、いよいよ帳簿書類の検査に入り、「現金出納帳を見せてください」「給与台帳を見せてください」……と証憑類を調べることになります。

正午から1時間は昼休みで、午後1時ごろから調査再開となり、証憑類についての質問検査が再開されます。4時か4時半ごろに調査は終了となり、調査官が調べたなかで疑問点を、税理士や社長に伝えます。「棚卸しの評価額を計算した元資料が欲しい」「この分の見積書、領収書を出してほしい」などで、調査官はそれらの回答を翌日に用意してもらうことを望んでいます。

調査官は５時前には会社を去り、税務署に戻ります。当日の調査内容を上司である統括官に報告し、今後どの部分に重点をおいて調査していくかなどの指示を受けるのです。

２日目以降は、「売上を中心に見る」「経費を中心に見る」「人件費を中心に見る」などと、ある程度絞り込みができていて、質疑応答から始まることが多いようです。税理士や社長が答えます。

１日目同様に、正午から１時間は昼休みをとり、午後からも質疑応答を続行。３時ごろには、ほぼ終了し、誤りなどがあれば、税理士と会社に指摘し、その後検討することになります。２日で10時間ほどかける調査が多いようです。

なぜなら、調査官は、平均すると、１週に１件の調査を終わらさなければなりません。１件の調査には、準備、報告書の作成、銀行調査、反面調査なども含むので、会社に臨場できるのはせいぜい２日。結構きついスケジュールで動いているのが、実際のところです。

Q7 テープに録音してもいい？

税務調査中に押し問答になったり、調査官が威圧的な態度になったときなど、どう対応すればいいですか？　不安になった場合、テープレコーダーで録音することはできますか？

A

密室で行われる税務調査ですから、調査官の違法性を監視するという意味でも「税務調査を録音したい」という納税者の気持ち、ごもっともです。しかし、実際には税務署はテープレコーダーの録音もビデオやカメラを使うことも認めていません。「納税者によって録音内容が漏洩した場合、調査官の守秘義務違反の恐れがある」という理由によるものです。

しかし、2000年2月の北※村人権侵害事件の「所得税青色申告承認取消処分事件」の判決では、京都地裁が「違法な調査を受けた原告が、（中略）再度違法な調査がなされれないようにするため、第三者の立会いを要求し、調査の様子を撮影・録音することにやむを得ない面がある」と、裁判史上初めて税理士以外の立会い、録音、撮影を認めた例があります。

ですから、納税者の権利が侵されるような調査が行われるかもしれないことを想定して、テープレコーダーやビデオ、カメラを用意しておくとよいでしょう。

すでにアメリカでは録音が認められており、わが国でもいずれ納税者の権利として録音が認められる日がくることを私たちは望んでいます。

（※北村人権侵害事件とは、北村さんが営む京都の衣料店に、任意調査でありながら突然8人の税務署員がやってきて、北村さん自身が留守にも関わらず、身分証明書を盾にレジの現金から寝室まで調べるなど無法の限りを尽くした調査。第4章Q18＝164～165ページ参照）

Q8 調査中はずっと会社にいるべき?

税務調査の当日、税理士と共に社長の私が調査官に応対しなければならないことは分かりました。でも、チェーン店を複数軒経営している私は忙しいんです。いつ各店から緊急の用件が入ってくるか分かりません。一日中対応せよ、というのはとてもキツいのですが……。

A

税理士に任せきりはいけない。従業員や奥さんではなく、社長のあなた自身に「受忍義務」があることはご理解いただけていますね。都合がつかないときは、日を変更できるということもご理解の上ですよね。それでも、「一日中」というのが難しいというわけですね。

それならば、午前10時から11時ごろまでと、午後3時半から4時半ごろまでは同席するようにしてください。朝一番の挨拶から会社概要についての話までと、調査官の疑問点について（税理士と一緒に）答えていただければ好都合だと私たちは考えます。社長のいない時間は、税理士と経理担当者が、調査官の質問に答え、言われた書類を取りに行って見せることになります。

Q9 調査官が従業員に話しかける。「やめて」と言っていい？

従業員6人の、ワンフロアの小さな事業所です。応接室がないので、衝立てで仕切った応接コーナーで税務調査を受けました。調査官がトイレに行った帰りに、従業員に話しかけています。「話しかけないで」と言ってもいいでしょうか。

A

遠慮せず、きっぱりと「従業員には話しかけないでください」と制止してください。もし理由を聞かれれば、「業務の邪魔になるから」と答えればいいでしょう。

繰り返しますが、税務調査の受忍義務は、まず代表者にあります。税務調査のために会社に臨場している以上、調査官は常に調査の態勢にあるとみなすべきで、「調査の一貫で（従業員に）話しかけたのではない」という理屈はとおりません。

私の経験したなかにも、トイレに行った帰りに、女性従業員に「仕事、何時から何時までですか？」「勤めて何年ですか？」と聞いていた調査官がいました。会社の概要や人員構成など話したことの、裏取りをしたかったのでしょうか。見つけて、「ルール違反だ。話しかけないで」と言うと、その調査官はバツが悪そうでしたよ。

Q10
思い出せないことを聞かれたら、どうしたらいい？

調査官の質問には、もちろん誠実に答えたいとは思うのですが、古い話だったり、私が直接に関係していないことだったりすると、記憶にないのです。そんなとき、どう答えたらいいですか？　覚えていないと答えるのは印象を悪くしますか？

A 思い出せないことは、はっきりと「忘れた」「記憶にない」と答えてください。そんなふうに答えたからといって、調査官の印象を悪くすることはありません。曖昧な記憶のまま「たぶん……だったと思う」といった答え方のほうがNGです。

税務調査で、調査官は最初に「なぜこの会社を始めたんですか」「株主との関係は?」「最初の取引先は?」などと会社設立当初のことをいろいろと質問してきます。

私たちが立ち会っていて、「前回も、前々回も、同じことを聞いたじゃないか。税務署に前回の調査の記録は残っていないのか。時間の無駄だろうが」と腹立たしくなるほど、毎回同じ質問をしてきます。なかには、調査の的をどう絞ろうとしているのか、何を調べようとしているのかを伺い知る、その〝尻尾〟を出している質問もありますが、たいていは無駄な質問です。若い調査官のなかには、「業界のことを何も知らずにやってきたのか」といった低レベルの質問をしてくるケースもあります。

設立のころの古い話や、細かな取引の一つひとつを正確に記憶している人など、皆無です。これらの質問に答えようと、古い書類を見直したりするには膨大な時間がかかります。

ですから、その場で即答する必要はまったくありません。臨場調査が終わってから、時間のあるときに調べ、後日電話で回答すればよいのです。

Q11

「あれ見せろ」「これ見せろ」にはすべて従うべき？

現金出納帳、預金出納帳、売掛帳、買掛帳、手形帳、請求書、領収書、契約書、給与台帳、年末調整書類、決算書はあらかじめ用意していました。ところが、「タイムカードを見せろ」「取引先との契約書を見せろ」「金庫の中を見せろ」「個人の通帳を見せろ」とエスカレートしてきました。言われたものすべて見せなきゃいけないですか？

A

「なぜタイムカードが必要なんですか」「なぜ契約書が必要なんですか」……と、調査官に聞いてください。明確な答が返ってくるならともかく、「調査の一環で」などと歯切れの悪い答が返ってきたら、「ダメです」ときっぱり断るべきです。

プライバシーの問題も、ビジネス上のシークレットの問題を含んでいるものを、軽々しく調査官に見せて良いわけがありません。

所得税法でも法人税法でも「所得税（法人税）に関する調査について必要があるとき」

にのみ、調査官は「質問検査権」を行使することができるのです。質問検査権の行使は、納税者の承諾と協力を得ながら行わなければならないもので、無制限の権限ではありません。

●こんな事例

年商4億円ほどの鉄工所。調査官は、1962年生まれの男性でした。

「社内にあるものを、全部見せてください」

と言ってよこしました。社長は納税者の権利意識を強く持っていた人だったので、すかさず、

「全部見せる必要なんてない」

と即答され、私も、見せる必要のない法的根拠を述べました。すると、その調査官は、

「上司への報告ができないので、見せてほしいんだ」

「やましいところがなかったら、見せてくれるはずだ」

などと言ってひきません。やがて、

「じゃあ、まず、そのロッカーの中だけでも見せてください」

と言いました。

「具体的に現金出納帳、売上帳を見せろというんだったら、ロッカーから出してきますから、

そう言ってください」と、社長と私。

「いや、ロッカーの中全体を見たいんだ」

「絶対にダメです」

ロッカーを開けることを諦めた調査官は、次に、

「じゃあ、その机の引き出しでいいから、開けさせて」

と言ってよこしたんです。

最終的に「調査に必要ない」の理由から、その調査官に諦めてもらうまで2時間以上の押し問答を必要としました。

このような場合、もめるのが面倒だから、調査が長引くからと、折れては元も子もありません。

Q12
「コピーして」に協力しないといけない？

調査中、「確認のため、コピーをとってください」と、調査官に当たり前のように言わ

れました。書類や帳簿類、相当な量です。見ただけですぐに分かるような書類も含まれています。それでも、コピーを取ってあげないといけないですか？

A

答は「ノー」です。コピーは断ってください。納税者に帳簿書類のコピーの提出義務もなければ、税務署にコピー提出を強いる強制力もありませんから。

調査官が税務調査でコピーをとるのは、調査事項の確認のためではなく、税務署内での報告に便利だから、とも聞きます。

調査官に「なぜコピーが必要なんですか」と聞くと、「調査を早く終わらせるためですよ」と答えるでしょう。しかし、調査が早く終わるかどうかは、税務調査の内容と調査官の能力に関係することで、コピーをしても早く終わるとは限りません。調査官は「1枚10円でも20円でもコピー代は払います」「他所ではみなさんご協力いただいています」と言うでしょうが、そういう問題ではありません。

本来、税務調査は、税務署長の代理である調査官が、直に帳簿書類を調査し、納税者の申告内容を確認するために行われるものです。「見て、確認」が原則で、「コピーして税務署に持って返って確認」するものではないばかりか、調査官がコピーした用紙を万が一どこかに落としたり忘れたりして紛失しないとは限らないのです。そうすると、会社の〝裸〟の姿を、世間に公表することになりかねないのです。必要のないコピーは断らなくてはなりません。

「どうしてもコピーが必要なら、手書きで写してください」

「時間がかかります。立ち会いも、時間がかかってイヤでしょう?」

「いや、立ち会うのが仕事ですから、一向にかまいませんよ」

こういったやりとりを、私たちは何度もしています。引き下がらず、何日もかかって一字一句を書き写していった調査官もいました。折れてはいけないのです。

もっとも、コピーがまったくダメというわけではありません。納税者と税務署の考え方の差や、税法の解釈の争点となる事項がある場合、確認点を明確にするためにコピーが有効な手段である場合もあります。そんなときにだけ承諾すればよいのです。

●こんな事例

運送会社での調査でした。その会社は物流センターもあって、50人近いパートさんが働いて

いました。調査官は、

「1カ月分のパートさんの住所と名前と給与額の一覧のコピーをとらせてほしい」

と言ったのですが、私は断りました。すると、

「コピーがダメなら、あなたが書き写しなさい」

と命令口調で言います。

「それは、調査官の仕事であって、税理士の仕事ではないでしょう？」

と再び断ると、その調査官は、

「なんだその言い分は」

と暴言を吐き、手元にあった領収書の束を私に投げてよこしたんです。50歳くらいのベテラン調査官でした。

「人に借りた書類を投げるとは何ごとだ。何様だと思っているんだ」

と抗議したら、投げたことについては謝罪しました。

● こんな事例

化学製品の卸売りの会社での調査で、帳簿類のコピーを断りました。すると、調査官は、

「お前、調査拒否するんだな」

と気色ばみ、高圧的なモノの言い方をするようになりました。

「俺に、手書きで写せというのか」

「そちらが必要と思われるなら、そうされたらいいんじゃないですか」

「時間がかかる。調査時間が延びて、お前もいやだろ？」

「いいや。何時間かかっても、最後までつきあいますよ」


そんなやりとりに、2時間ほど要し、ついにあきらめた調査官は、その後渋々書き写しを始めました。「何が何でもコピーを拒否する」という姿勢を示さないと、調査官もなかなか引き下がらないのです。

●こんな事例

まだ携帯電話が普及していなかったころのことです。

ある建築資材会社に、リョーチョー調査が入った。ミニマルサです。突然、どやどやと8人の調査官がいっせいにやって来て「あれ見せろ」「これ見せろ」が始まった……という連絡が、私に届いたのは、お昼ごろでした。私事ですが、その日の朝、葬儀に出席していたために、連絡がつかなかったんです。

私が喪服のまま、大急ぎでその会社へ駆けつけたのは昼ごろだったんですが、「あとの祭り」でした。というのは、４階建ての社屋の各フロアに2人ずつ張り付いた調査官が、それぞれに持ち運びのできる簡易コピー機を持参して来ていて、ありとあらゆるコピーを取り終わった後だったんです。私は、

「コピーの持ち帰りを拒否する」

と抗議したのですが、調査官は鬼の首でも取ったように、

「社長が承諾されましたから」

と言いました。社長に聞くと、「承諾も何も、わけの分からないうちにコトが進んでいって……」とのこと。

「コピーします」という〝上から目線〟の態度に、社長は恐れをなして黙り込んだのに、それを「暗黙の了解」と税務署側は解釈するというんです。

このときは調査官と丁々発止の長いやりとりの末、後に税務署にも抗議に行きましたが、空しい結果に終わりました。今も心のしこりとなって、残っています。

Q13 「金庫の中を見せて」と言われたら?

調査官に「中に何が入っているか調べたい」と要求されました。金庫の中には、税務調査に関係のない書類や品物しか入っていません。人前で金庫を開けることにも抵抗があるんですが、どうしたら良いのでしょうか。

A はっきりと、断りましょう。納税者の承諾なしに金庫を開けて中を調べることはできません。また、調べる理由がはっきりしないときは、金庫を開けて調べる必要もありません。

実際の税務調査では、金庫があると条件反射のように調査官は「中を見せてください」と要求してきます。納税者が少し困った様子で「税務調査に関係するようなものは、入っていませんよ」とでも言おうものならますます「だったらいいじゃないですか。何でも調べるのが私たちの仕事ですから」と自分たちの要求が正当なものだと強制力を発揮してきます。

通常、会社の金庫などというものは、簡単に他人に中を開けて見せるものではないのです。その中の書類が税務調査に必要な書類かどうかは、納税者が十分判断できます。

そこで納税者が「関係のない書類ばかりで、調べる必要はありませんよ」と断ると、調査官は「必要があるかないかはこちらが決めます。とにかく開けて見せてください」と迫ってきます。

このような理由は金庫を開ける理由にはなりません。「中を見てから税務調査に必要かどうかこちらが判断する。あなたたちは黙って税務署の言うことを聞いていればいいんだ」となんでもできるのなら、すべての納税者は罪人扱いとなります。これでは、調査ではなく捜査であり、質問検査権の権限を超えています。

なぜ、金庫の中を調べることが必要なのか。納税者が十分に納得のいく理由と説明があった場合で、納税者の承諾があったときにのみ調査官は金庫の中を見ることができるのです。レジや机の引出し、ロッカーなども同様です。

Q14

「パソコンを見せて」と言われたら？

必要な帳簿類、書類はみな、プリントアウトし、調査官に見せたつもりです。なのに、「じゃあ、次は、経理の方のパソコンを見せてもらいましょう」と、調査官が経理担当のほうに近づいていきます。見せなきゃいけないんですか？

A

きっぱり断ってください。パソコンの中は、ロッカーや金庫、個人机の中と同じ、それが会社のものであっても、極めてプライベートな空間です。絶対に見せてはいけません。

「なぜパソコンを見せなくちゃいけないのですか？」と理由を聞くと、おそらく調査官は、

「参考までに、です」

というような曖昧な返事をしてくるでしょう。

「何の参考ですか？」

と突っ込みましょう。

「いろいろと調査の……」

明確な答など、出てくるはずがありません。

「パソコンに入っていそうで、必要なものがあるなら、具体的に示してください。プリントアウトして見せます」と言えばよいのです。

Q15

「工場の中に入らせて」と言われたら?

自動車部品の小メーカーです。税務調査の当日、会社案内を見せて業務内容を説明していると、「今日はひとつ、ぜひ工場の中に入らせてください」と調査官に言われました。工場の中も見せないといけないものですか?

A

「お断りします」と、拒否してください。

調査官は、納税者の承諾なしに工場内等に立ち入ることはできません。調査に関係のない行為は違法行為です。工場の中には、新製品に関する図面や金型などがあるかもしれません。そんな大切なものを、不用意にだれにも見せるものではないでしょう？

具体的に、調査官が「○○について確認したいので、見せてもらえませんか？」と依頼したなら、「○○について確認できる（工場の）場所へ案内します」とピンポイントだけを案内するのが筋。漠然とした「工場の中を見せてください」という依頼には、「質問検査権を超えています」と応じましょう。「何か、見られたら困るものでもあるのですか？ やましことがなかったら見せてもらえるはずですよ」などという調査官の挑発にのらないように注意してください。

Q16 「カルテを見せて」と言われたら?

開業医です。前回の調査のときに、「患者さんのカルテを見せて」と言われ、とっさのことで、「どうぞ」と見せてしまいました。カルテもきちんと書いているので、後ろめたいことはないのですが、プライバシー問題と照らし、見せてよかったのか、忸怩たる思いが残っているのですが……。

A

「カルテは見せられません」ときっぱり断るべきです。

医院や歯科医院での健康保険を使った診療の報酬は、社会保険診療報酬支払基金と国民健康保険連合会からの振り込みなので比較的明白ですが、診療当日に患者から支払われる1割、3割などの窓口収入と、あと自費診療の場合（特に歯科や産婦人科など）の現金収入がありますので、調査官たちはそれを疑い、カルテと照合したがっているのです。

しかし、カルテを見せる必要はまったくありません。現金売上は、窓口の日計表や記帳録で調べることができるはずですから、わざわざカルテを見せろというのは、不当な態度と言わざるを得ません。「後ろめたくなかったら、見せられるはずです」などという口の聞き方をする調査官は、もってのほかです。カルテ以外の帳簿書類で、問題を解決すべきです。ご承知のとおり、医療従業者には、刑法によって守秘義務が定められており、患者のプライバシーに関わるものを他者に見せることはできません。

調査官は、「我々公務員にも守秘義務があるので、カルテを見たからといって、医師の守秘義務違反にはなりませんよ」と言うかもしれません。しかし、「あなたが良くても、私が困る。刑法上、守秘漏洩の罪に問われるのは医師だ」ときっぱり伝え、断ってください。

Q17

「社長個人の通帳を見せて」と言われたら?

私は、会社に500万円を貸しています。法人税調査のときに、「じゃあ、ついでに社長個人の通帳と、所得税資料も見せてください」と言われました。釈然としないのですが……。

A

「今回の法人税調査の質問検査権を超えています。ダメです」と答えてください。

その上で、「どうしても個人の通帳や所得税資料を見る必要があるなら、改めて個人あてに税務調査依頼をしてください。それならば、検討します」と言ってください。

法人税調査にいったん入ったからには、何でも調査できるという感覚が、その調査官にあるのでしょうが、それは認識誤りです。なかには、自分の身分証明書を取り出して、「我々はこれがあれば、どんな調査もできるのだ。ここに、法人税、消費税、所得税、源泉所得税、相続税と全部書いてあるだろう」と言う調査官もいるでしょう。そんなとき、私たちは「あなたは、個別税法の規定の質問検査権に基づいて調査に来ているのだから、制約があるのだ」と返答し、理解を促します。

ただし、口座名が個人名になっている資料が回ってきて、「このお金はどうなっているのですか？」と尋ねられるなど、明確な証拠のあるものは、「調べて、後で返事します」と答えます。

また、資料せんで「この100万円が個人口座に入っているはず。通帳を見せて」などと具体的確認をされたら、前後のラインを伏せて、そのラインだけを見せること。何らかのミスが働き、そうなっているのだとしたら「修正申告します」でいいのです。

Q18

渡された微妙な内容の紙。書かなければならない？

紙には、「代表者の財産状況」「家族の財産状況」等の欄があり、調査官に「ご協力をお願いします」と軽く言われました。でも、個人の〝裸〟をさらすようで、抵抗あります。

A

これも、きっぱり断らなくてはなりません。

もう、お分かりですね。調査官の質問検査権を超えているからです。

調査官は、何を目的に、そういった書類を書かそうとするのか。社長や家族に、不当に金銭が流れていないか等を確認する端緒としたいのでしょう。調査官は「皆さんに書いてもらっています」と例外は許さないという感じで、プレッシャーをかけてくることが多いようですが、「強制できないはずです。お返しします」と紙を突き返すべきでしょう。万が一、「税務署には協力できないということですね」と言われたら、その調査官の上司に電話で抗議したいものです。

● こんな事例

自動車販売会社で、調査初日の午前中、会社概要についての聞き取りの最中に、

「ところで、この紙をお渡ししときますから、記入しておいてください」

と、調査官がＡ４の紙を社長に渡しました。印刷してあり、社長の家族の名前と各人の銀行預金の口座番号を書く欄がありました。税務署の目的は、家族に会社の金が流れていないか、銀行に反面調査をしようとしていたのが明らかです。社長としては、自分には後ろめたいことがないので、個人のものでも家族のものでも、言われるものを何でも見てもらって、分かってもらえればいいと思ったのでしょう。社長が鉛筆を持ったので、私は、

「社長、それは書く必要がありませんよ」

と制止しました。すると調査官は、

「社長が書くって言ってるのに、邪魔をしないでくれ。何か隠し事がばれてまずいのか？」

と私に言うのです。

「そういうことではない。税務署は法律に基づいて税務調査をする権限を持っているし、納税者も法律に基づいて調査を受ける義務がある。書かなくてよいものは書かなくてよいんだ」

そんなふうに説明し、諦めてもらうまで、やはり2時間くらいかかりました。

Q19

「署に書類を持ち帰ります」って？

税務調査の最後に、調査官が「時間がないので、帳簿書類を持ち帰らせてもらいますね」と当然のごとく言われました。気が進まないのですが、断ると調査官の心証を悪くするでしょうか？

A

帳簿書類の持ち帰りを受忍する義務はありません。

調査官は、「なぜですか。よくあることですよ」と言うでしょうが、「万が一、書類をなくされたら困るし、急に必要になったときに手元にないと業務に支障をきたすから」

と返答してください。

「なくすことはありませんし、何だったら預かり証を書きますよ」と言うかもしれません。

しかし、税務署への帰路や税務署内で、紛失しないとは限りません。大切な会社の情報が、漏れていく可能性もあります。事実、「紛失された」という声も、過去に複数の会社から聞いています。

「帳簿書類の確認は、時間を要してもいいので、会社内で行ってください」と、きっぱりと言ってください。

●こんな事例

マンション管理会社の税務調査のときのことです。

50代のベテラン調査官が1人でやって来て、一日中雑談でした。帳簿類を用意していましたが、調査官は一向に開く気配がなく、真意を思いはかれずに、応対していました。

夕方4時になり、調査官は突然、

「では、その帳簿類を借りて帰りたいのですが」

と言ったので、私は耳を疑いました。時間内に帳簿類を見て、調査するのが仕事のはずなのに、一日中雑談をした挙げ句の申し出です。もちろん、私は拒否しました。「借りたい」「ダメです」の押し問答が続いているとき、社長が、

「減るものでなし、じゃあ持って帰ってください」

と言いました。私は、社長に予めこういうケースのときの対応について説明しておかなかったことを後悔しましたが、社長が許可したので、折れるしかありません。その代わりに、

「いつ返してくれるのか。返却日を明記した預かり証を書いてください」

と調査官に言いました。すると、この調査官、何と言ったと思います？

「返しに来なくてならないのだったら、借りなくてもいい」

不要になったら、社長を呼びつけて、税務署まで取りに来させようと思っていたと言うのです。空いた口がふさがりませんでした。

Q20 お茶やコーヒー、昼食は用意したほうがいい？

来客にお茶やコーヒーを出すように、調査官にも普通に出していいのでしょか？ 昼食は？ 調査官は公務員だから、接待するのはまずいのでしょうか？

A

特別に用意することはありませんが、お茶やコーヒーは、普段の来客に供するのと同じように供していいと思います。常識的には、朝10時の来社時と、午後3時ごろでしょうか。なかには、コーヒーの代金として小銭を差し出す人がいますが、その場合は受け取るほうがいいでしょう。

昼食の用意は不必要です。むしろ、用意されたら、調査官を困らせることになります。国家公務員法の規定により、納税者（利害関係者）からの金銭・物品の贈与や接待を受けることが禁止されているからです。「昼食くらいいいじゃないか」とはならないのです。

通常、正午になると、調査官は「1時に戻ってきます」と言い残して、会社の外へ昼食を食べに出ていきます。付近に飲食店がない場合は、午前中にその旨を伝え「よかったら、出前を取りましょうか」などと言ってあげるのが親切でしょう。「お願いします」であれば、調査官はその代金を支払います。

Q21
最後に、問題点を口答でやりとり。それでいい?

いよいよ臨場調査もこれで終わりという2日目の夕方、調査官から、問題点の指摘が、口頭でありました。メモをしながら聞いたのですが、それでいいですか?

A

「口頭の説明だけでは不明点が残るので、問題点を書いた紙をください」と、調査官に頼みましょう。

調査官によっては、こちらから頼まないでも、最初から紙に書いて、それを示してくれる人もいます。口頭だけで説明しようとする調査官には「書いたものが欲しい」と言って、一向に差し支えないのです。

調査官は、税務署オリジナルの便せんを持参していて、そこに書きます。「○○の計算が間違っています」「○○は経費に入りません」「○○の売上が抜けています」といった内容を箇条書きで書いてくれます。その紙はコピーをとって、1枚は納税者側、もう1枚は調査官が税務署に持ち帰ります。

なお、調査官は、「問題点はこれこれです。以上の点について、御社で検討していただいて、後日税務署に来て回答してください。我々も検討しておきます」と言い残して、税務署に帰っていきます。

Q22

調査官は、どんな気持ちで調査する？

これまで3回、税務調査を受けています。3回とも大事には至らず、少しの修正申告で終わりましたが、どの調査官も私を「目の敵」にしているような気がしてなりません。

彼らは、調査にどんな気持ちで税務調査に臨むのでしょうか?

A

あえていうと、調査官は、〝性悪説〟に基づいて納税者を見て、調査にくるのではないかと、私たちは思うことがあります。

平成17年6月に東京国税局課税第二部法人課税課が発行した『調査における法律的知識』(通称『マンガ解説書』)という冊子があります。「若手職員必携」「取扱注意」と書かれたこの冊子は、平たく言うと、若手職員に向けた調査の虎の巻です。調査の場面をマンガで記され、「当局の見解」「参考事項」「コラム」などの解説があります。

たとえば、「調査理由の開示要求」について、代表者(納税者)が「調査にきた理由は何か。申告のどこに誤りがあるのか、具体的な理由を示さなければ調査には応じられない」と言えば、「調査理由は『所得金額の確認』です。税務調査は『申告が正しいかどうか、正しい所得金額はいくらであるか』を確認するために行うものであり、『申告に誤りがあるか、どこが間違っているか』は調査の結果明らかになるものと考えています(後略)」と答えるように記載されるなど、「納税者がああ言えば、調査官はこう答えよう」が記されているものです。

「調査理由の開示要求」についてのように、百歩譲ろうと思うやりとりのものもありますが、大半はそうでない例です。具体的にあげましょう。

●質問検査権の対象者〜会社の従業員に対して質問検査ができるか？

（得意先であるＡ社との取引状況を聞いたところ）

代表者「Ａ社との取引については、営業課長がきっちりやっているので問題はない」

調査官「それでは、取引の内容を詳しくお聞きしたいので、営業課長を呼んでいただけますか」

代表者「代表者にしか、質問検査できないはずだ!!」

調査官「法人税法の規定では『法人に質問』できるとされていますから、代表者はもちろん、代理人や従業員も質問検査の対象となります。社長から営業課長に対して、調査に協力するよう指示してください」

●質問検査権と立入権〜質問検査権には立入権が包含されるか？

（あなたが、法人の預金通帳の提示を求めたところ……）

代表者「今日は私の自宅に置いてあります。あとで取りに行ってきます」
調査官「そうですか。では、これから、社長のご自宅に一緒に行って通帳を確認させてください」
代表者「なぜ、自宅に行かなければならないのか。プライバシーの侵害だ」
調査官「もちろん、会社と関係がないものについては、見せていただく必要はありません。会社の預金通帳が、ご自宅でどのように保管されているのか、是非その状況を確認させてください」

●無予告調査の拒否・忌避〜調査に際しては、事前に調査日を通知する必要があるか？

代表者「事前通知なしの抜き打ち的調査は、調査権の濫用である。税務運営方針を知っているのか」
調査官「原則として事前通知を行うこととしていますが、今回は会社のありのままの事業実態を見せていただいた上で申告内容を確認するため、事前通知を行わずお伺いしております。また、税務運営方針は、担当者の心構えを説いたものですが、無予告調査を禁止しているわけではありません」

代表者「調査は、事前に予告されるべきであり、事前通知のない調査はお断りしたい」

調査官「調査に際して事前通知を行うかどうかは、いろいろな条件を勘案して決定しています。また事前通知がなかったことを理由に調査を拒否することはできません。（真に調査に応じられない特段の理由があり、延期の申し出があれば調査日の変更に応じる）

この本に書いてきたこととの違いに、驚きませんか？

これらの例からも分かるように、この虎の巻では、納税者は横柄な口の聞き方をすると決めつけていますし、マンガで描かれた納税者は皆、眉間に皺を寄せ、調査官は口を「へ」の字に曲げているのです。

論点については、いずれも法律の解釈の問題です。明らかに「上から目線」。調査官は、こういった〝学習〟をしてプロになった人たちです。

私たちは、調査官と納税者は対等だと考えています。その「対等目線」など調査官に必要でないと、この虎の巻に書かれていると読み取らざるを得ません。

もっとも、調査官も1人ずつパーソナリティーが異なります。残念ながら、常に「上から目線」の「こわもて」の人もいますが、紳士的な人もいることを書き添えておきたいと思います。

Q23

世間話からも、調査ポイントを引き出す？

調査の冒頭に、気候の話、最寄りの駅から弊社までの道路の話、政治の話……。お互いの家族やペットの話にも至り、「感じのいい人だなあ」という印象を持つと共に「なんでそんな話まで？」とも思ったのですが、何か狙いがあったのでしょうか？

A

「調査官は、〝狙い〟のない世間話はしない」と胆に銘じておいてください。

相手はプロです。限りある時間を、どう配分して調査しようかと考えた上での世間話の時間なのです。あるキャスターが、「生インタビューのときは、話を聞きながら、常に次の質問と2分後の話の流れを考えている」と言っているのを聞いたことがありますが、調査官もまさにそれ。調査ポイントを引き出すために、あれこれ世間話を持ちかけてくるのだと言って過言ではありません。その証拠に、優秀なベテラン調査官ほど、世間話が上手です。

調査官「社長、ご出身はどちらですか？」
社長「四国です」
調査官「四国のどちら？」
社長「鳴門です」
調査官「高速ができてから、ずいぶん近くなりましたよね」
社長「そうですね。親の顔を見に、帰りやすくなりました」

そんな何気ない話から、調査官は「交際費、福利厚生費などに、鳴門の領収証のものが入っていないか、調べよう」と思うでしょう。

調査官「社長、ゴルフをおやりになるんです？」

社長「ええ。下手の横好きで」

調査官「私も同じくですが、今日のようなスカッと晴れた日にはクラブを握りたくなりますね。社長、いつもだれと回られるのですか？」

社長「学生時代からの仲間とか、取引先とか」

調査官「社内にもご同好の方も多いんですか」

社長「それが、そうでもないんですよ。練習も体力づくりのジムも専ら家内と2人で…」

この場合は、調査官は「福利厚生費に、ジムの会費等はないかどうか調べよう」と思うでしょう。

車の話をしていて、最近買った業務用のはずの外車が私用にも使われていると疑われたり、社長に絵画収集の趣味があり、最近購入した絵画の資金の出どころを追求されることになったり……。調査官に誤った疑いをもたれないよう注意したいものです。

Q24

部屋中をあちこち見ている？

「なるべくシンプルな応接室で応対するように」とのこと（第1章Q10＝27～29ページ）、分かりました。調査官は、会社の中をあちこちチェックしているのでしょうか？

A もちろんです。何気ない風を装って、調査官は抜け目なくあちこち見ています。戸棚に並ぶ帳簿類を抜け目なく見て、背表紙に書かれた標題をチェックします。現金出納帳、預金出納帳、売掛帳、買掛帳、手形帳、請求書、領収書　契約書、給与台帳、年末調整にまつわる所定の書類、決算書に載っている数字の裏付けになるような書類等です。

そのほか、調査官が注目するのは、銀行や取引先からもらって貼っているカレンダー。銀行名、会社名が入っているのをチェックして、会社案内の取引先欄に記された名前と一致しているかどうか、チェックします。それだけではなく、机の上のボールペンやメモ用紙等の備品類にも、銀行等の名前が入っていないか密かにチェックしています。

また、調査当日は、従業員に「普段以上に、粛々と作業をするように」と指示しておくのもお忘れなく。調査官は、隙あれば従業員に話しかけようとします。どの従業員が話しかけやすいかと、暗黙のうちにチェックしています。黙々と作業をしている従業員には話しかけにくいものです。

Q25
「これは修正申告してもらいます」を連発するのは？

「これは経費として認められませんね。後で修正申告してもらいます」と、調査中に調査官が連発します。気分のよいものではありません。何を意図していますか？

A

「これは経費として認められません」と言われてもあわてず、こちらの見解を根気よく示していきましょう。「ちりも積もれば山になる」で、合計すると結構な税額になります。調査官の言いなりになることはありません。妥協せず、納得するものだけを修正申告するようにしなければなりません。

調査中に、納税者に修正申告の印鑑を押させようとすることがたまにありますが、安易に印鑑を押してしまうと、後で取り返しのつかないことになります。「あのときは（調査官の）指摘のとおりだと思ったけれど、よく考えてみると違います」というのは、通らない。「あなたが納得して印鑑を押したのでしょう」と押し切られること必至です。後の祭りにならないよう、自分で本当に納得するまで、印鑑は決して押してはいけません。

Q26

「『質問顛末書』を書くように」って、どういうこと？

臨場調査も終盤に近づいたころ、調査官に「社長、質問顛末書を、書いときますか？」

と聞かれました。「質問顛末書を出しておけば、穏便に済ませられる」というニュアンスを感じます。書いておくのが得策ですか? 調査官の狙いは何でしょうか?

A

「質問顛末書」や「確認書」の類いは絶対に書いてはいけません。受忍義務がありませんから。

近ごろは少なくなりましたが、質問顛末書は、調査官が納税者に「不正に意図があった」ということの証明にし、重加算税をかける意図で、書かせるものです。

質問顛末書というのは、「脱税まがいのことをしていた」ことを認め、「深く反省していますので、穏便にお願いします」と書いて、税務署に提出するものなのです。そんなものを書いて、会社の得になるどころか、大きなペナルティ、重加算税を課されることになり、大損することになります。

調査官「この売上計上漏れ、わざとやったんでしょう?」

社長「まさか、そんなことないですよ」

調査官「売上をわざと翌期に繰り越して、今期の税金を安くしたかったんでしょう? 私たちが見ればすぐ分かるんですよ」

社長「そんなことないです。つい、うっかりです」

調査官「ウソをついても、ダメですよ。厳しい処分になりますね」

社長「厳しい処分って？」

調査官「最近の税務署は厳しいですよ」

社長「そんなことを言われても……」

調査官「じゃあ、質問顛末書を書いておかれますか？」

社長「質問顛末書って？」

調査官「『今回の申告漏れは、私の不徳の致すところでした。今後はこのようなことのないよう努めますので、寛大な処置をお願いします』と書いて税務署に出すものですよ」

社長「それを提出すると、厳しい処分から免れるんですか？」

調査官「提出しないより、提出しとくほうがいいでしょうね……」

こういった流れで、質問顛末書を書かせようとする調査官に、要注意です。

Q27

「反面調査」を断れる？

税務調査の終了時に、調査官に「反面調査をします」と言われました。取引先や銀行に、当社のことを陰で調べられるのですか？　イヤな気分です。断ることはできないのでしょうか？

A

断ってください。

「反面調査」とは、税務署が、納税者の取引先や銀行を調査することです。相手にとっても迷惑ですし、「あの会社は脱税でもしているのか」と思われないとも限らず、納税者自身の信用にもかかわります。取引関係に支障がでるかもしれず、ありがたいことではありませんよね。

調査官は、「反面調査は納税者の了解を必要とするものではなく、違法ではない。取引先や金融機関への反面調査は、調査の正確性を期すために、適法な質問検査権を行使して行うものである」という見解で、反面調査も自由にできると主張してくるのです。

しかし、私たちは、無条件に応じ、協力しなければならない理由などどこにもないという見解を持っています。ですから、調査官が、臨場調査の終わりに「反面調査します」と言えば、「その理由は？」と尋ね、やむを得ない理由がない限り、きっぱり断るべきだと考えます。「納税者の了解を得て、行われるべきものです」と言って、断固拒否しましょう。

ましてや、納税者の提示した帳簿書類をろくすっぽ調べもせずに、いきなり取引先や銀行に反面調査するなどということは許されないことです。

第3章

実地調査後の対応

Q1 調査後の税務署アポ。税理士に任せていい？

税務調査が終わり、調査官の指摘する当社の「問題点」について、税務署に後日回答するように言われました。後は、税理士さんに任せていいでしょうか？

A

ダメです。納税者はあなたです。税理士のアドバイスを受けるにしても、最終的な結論はあなたが納得した上で出しましょう。

調査最終日に、調査官が書いた「問題点」というのは、クセモノです。調査官は、「これは税が取れそうだ」と思われる点を、「数を打てば当たる」式にいくつも列挙するケースが多いからです。クロ（間違い）なのか、シロ（間違いでない）なのか、それとも税法の解釈の違いでグレー（クロ・シロどちらにも解釈できる）なのか。私たち税理士は、税法に照らして検討し、納税者に伝えます。

もちろん税理士は心強い味方ですし、あなたが税理士を信用しているのも、これ以上時間をとられたくないのも分かります。しかし、税理士に任せきりにし、すべてが終わってから結果だけを聞くのはいただけません。結果がどうなっても、納得がいきますか？　納得いかない結果になったときに、取り返しがつきません。

アポを取った上で、あなたと税理士の2人で税務署へ出向き、検討の結果を伝えて、話し合いを持ちましょう。

なお、税務署とのアポは、税理士にとってもらったらいいのです。

Q2 税務署で「問題点」の話し合い。しつこく意見を主張していい？

税理士さんと一緒に税務署に来ました。今から、調査官が指摘した5ポイントについての、担当調査官・統括官との話し合いが始まります。どう考えても「問題」とは思えない点もあるので、しつこくこちらの意見を主張してもいいでしょうか？

A

もちろんです。納得できないのに、折れることはありません。税務署では、税理士さん共々どんどん意見を主張してください。

ただし、1点ずつ順序立てて話すことが大切。あなたの解釈を、担当調査官・統括官に理解してもらえるよう、できれば理路整然と話したいものです。「税務署が言うのだから、もう仕方ないか」と不本意に諦めるのは禁物です。

たとえば、問題点が5点あれば、実際のところは「交渉力」が必要になってきます。1の点は譲らないが、2の点は譲るといったような交渉力です。そして、問題点を認めた場合でも、「過少申告加算税」となるのか、「重加算税」となるのかでは大違いですから、それについても交渉力を発揮したいものです。

意見を戦わせた結果、税務署の解釈が正しいこともあるでしょう。そのような場合は、意見交換の末、なぜ間違ったのかを自分自身が納得できたら、今後同じ誤りを繰り返さなくなるに違いありません。

Q3 「問題なし」だった証明はもらえる?

税務調査の結果、「何も問題がありませんでした」となりました。そりゃそうですよ。ちゃんと申告しているのですから。問題なかったことの証明書って、発行してもらえますか?

A

「調査結果についてのお知らせ」という紙を、発行してもらってください。

以前は、「是認通知」（法人に対してのみ）と言われたこの紙は、「○月○日に○○税の調査をしました。問題とすべき事項はなく、適正な申告と認められました」などと書かれた、１００点満点であったことの、いわば証明書です。きちっと帳簿もつけ、資料の保管整備もよく、適正に申告していたことを当該の税務署長が証明してくれる文書です。

これをもらうことにより、調査が今後2度と行われない、何年にもわたって免除されるなどといった保証は、残念ながらありませんが、私たちの経験においては、実際はその

平成　　年　　月　　日

住所＿＿＿＿＿＿＿＿＿＿＿＿＿＿＿＿

氏名＿＿＿＿＿＿＿＿＿＿＿＿＿＿様

税務署長

調査結果についてのお知らせ

税務につきましては、日頃からご協力いただきありがとうございます。

さて、あなたの＿＿＿＿税（　　年分　　税の申告書）
（自　～至　事業年度の確定申告書）について、

調査を実施いたしましたところ、現在までの調査の結果によると、問題とすべき事項はなく、適正な申告と認められましたので、お知らせします。なお、今後とも、適正な申告と納税にご協力をお願いいたします。

担当者	

電話　　－　　－　　内線

後しばらく調査が行われることはないようです。

何も問題が発生しないことは、めったにないことですし、誇れることです。この紙を額縁に入れて、社長室に飾っている社長もいるくらいです。「調査結果についてのお知らせ」は、税務署に申し出ると、後日、郵送されてきます。

Q4 「修正申告」って、つまり何？

税務調査後、税務署に行き、統括官、担当調査官と話し合った結果、指摘された3つの問題点を納得し、決着がつきました。「修正申告を出してください」と言われたのですが、それってつまり何ですか？

A

修正申告とは、「納税者が自主的に申告の間違いを修正する」というものです。税務調査の結果、納付すべき税額が不足しているとの指摘に対し、税法の解釈間違いや計算ミス等によって生じたものであると認め、行います。税務署の、最も望む形といえます。

ひとつだけ注意しなければならないのは、修正申告は1度提出すると、2度とその内容を訂正することができないことです。異議申立て等をすることができないのです。

なお、「やっぱり、納得できない」というのであれば、修正申告をする前に、税務署と何度でも心ゆくまで話し合うことをおすすめします。１度の話し合いで決着がつかず、２度でも３度でも税務署と話し合いを持つべきです。都合４度の話し合いを持ち、結果、納得づくの修正申告ができた納税者もいます。

Q5 修正申告を拒否。「更正通知書」が届いた。これって何？

修正申告に応じることが、どうしてもできなかったのですが、すると、後日、「更正通知書」というものが送られてきました。これって、何ですか？

A

「更正」とは、税務署長が納税者の税額を決めること。修正申告がもの別れに終わった場合、税務署の最終手段として、更正を打ち（「更正を打つ」と表現されます）、その額を、理由と共に（理由の付記は青色申告の場合のみ）納税者に知らせてくるのが「更正通知書」です。

「更正」は、税務署長に強制的に決められた税額のため、法的な救済措置が認められています。後に、不服申立等、税務署に対して取り消しを求めることができるのです。取り消しを求めて裁判を起こされたら、それでなくても忙しい税務署の仕事が増えます。「あとで文句を言われる可能性がある」「更正理由を付記しなければならない」面倒な更正は、税務署にとっては、積極的に行いたくないというのが、本音でしょう。

なお、更正通知書と似た位置づけのものに、「決定通知書」があります。これは、確定申告をしなければならない納税者が申告期限内に申告書を提出せず、無申告になっている場合に、税務調査を行った上で、税務署長が納税者の所得金額や法人税額等を決定し、税額等を記入した通知書を送ってくる処分です。

Q6 「更正」に、「異議申立て」をするには？

税務署の「更正」に異議申立てができると知りました。つまり、裁判に訴えることもできるということですね？　納得いかない更正通知書が届いたのです。念のために教えてください。

A

税務署の「更正」に対し、不服がある場合には、税務署長にその処分の取り消しや変更を求め、裁判に訴えることができます。「行政不服申立て前置主義」というのがあり、順序としては、「不服申立て」をしてから、裁判所に訴えの提起を起こさなければなりません。

「不服申立て」には、「異議申立て」と「審査請求」の２段階があります。

まず、税務署長に異議申立てを、処分があった日の翌日から２カ月以内にします。これに対し、税務署長が、妥当かどうかを判断し、処分の取り消しや変更をするか、あるいは退ける「決定」をするか、結論を出します。

退けられ、決定となった場合、この決定になお不服があるときには、今度は国税不服審判所に対し、処分の取り消しや変更を求める「審査請求」をします。決定があった翌日から１カ月以内にしなければなりません（ただし、青色申告書に関わる更正に対して不服がある場合は、異議申立てをしないで直接に審査請求をする方法も選べます）。

異議申立て、審査請求、税務訴訟の処理・終結状況（処分の取消等）

（単位：％）

区分	会計年度（平成）	18	19	20
異議申立て	一部取消	8.5	9.6	7.5
	全部取消	1.7	1.6	1.3
	合　計	10.2	11.2	8.8
審査請求	一部取消	9.2	8.8	9.1
	全部取消	3.1	3.9	5.7
	合　計	12.3	12.7	14.8
税務訴訟	一部取消	6.5	6.4	3.4
	全部取消	11.4	7.8	7.3
	合　計	17.9	14.2	10.7

（注）

1. 異議申立て及び審査請求は、延べ件数による割合。訴訟は、事件数による割合。
2. 異義申立て及び審査請求の取消区分については、納税者の主張の全部を認容したか否かの区分ではなく、不服申立ての対象となった処分の全部が取り消されたか否かを示す。（例えば、100の更正処分に対し、納税者が70部分に不服を申し立て、当該70部分が取り消された場合は、一部取消と区分される。）

行政処分を裁判に訴えると、時間とお金がかかります。それを考えると、簡単な手続きで処分の取り消しや変更を求めることができる不服申立の制度も有効です。

しかし、異議申立ては税務署。審査請求をするのは国税不服審判所。どちらも国税庁の機関ですから、不服申立てをしても、納税者の主張が容易に通るとは考えられません。ちなみに、２００８年（平成20）に何らかの形で納税者の主張が認められたのは、異議申立てが８・８％、審査請求が14・８％でした。

こうした不服申立てを経て、ようやく裁判へたどり着くことができます。その裁判でも、国側が敗訴したのはわずか10・７％（２００８年度）。国税庁から出向している職員が、裁判のアドバイスをしているという日本の裁判制度の悪弊がここにも現われているのです。

●こんな事例

食品の加工・販売会社を経営し、不動産所得等もある社長の個人の確定申告を、自分の分と一緒に、奥さんがしていました。

私は、その会社の顧問税理士だったのですが、個人の確定申告は、毎年内容が同じなので、奥さんがしていたのです。

あるとき、税務調査が入って、「『資産合算』にあたるので、修正申告をしてください」ということになった。税負担が少し増えます。「そういう法律があるのを知らなかった」ということで、社長夫妻は、修正申告に気持ちよく応じました。

ところが、その後、しばらくすると、「過少申告加算税を払うように」という通知がきた。社長は立腹しました。

「真面目に毎年確定申告をして、真面目に税金を納める義務を果たしてきたのに、『資産合算』というものがあって、それで税金が増えた。修正申告した。そこまでは仕方ないとしても、ほとんどの人が知らない資産合算というもので、ペナルティをかけるとはいかがなものか」

額は１万３０００円でしたが、「額の問題ではない」と社長は怒ったのです。税務署が調べに来たが、埒があかない。不服審判所に行っても認められない。納得できないので、この社長は裁判に訴えました。「〝税の不知〟があっても、今回のケースはほとんどの人が知らない法律なので、過少申告加算税をかけるにあたらない」と主張したのです。しかし、地裁、高裁、最高裁まで持ち込みましたが、負けてしまいました。

Q7 「延滞税」「加算税」って、スルーはできない?

修正申告書を提出し、同時に追徴分の税金も払いました。それなのに、しばらく後に税務署から「延滞税」と「過少申告加算税」を払うようにと納付書が届きました。これは何ですか? 払わないで済ませることはできませんか?

A 「延滞税」は、本来の納付期限までに税金をおさめなかったことによる利息、「過少申告加算税」は適正に申告しなかった納税者に対するペナルティで、ともに附帯税です。払わないで済ませることはできません。

税率は、原則次のとおりです。

● 延滞税　納期後、完納までの日数に応じて年14・6%ですが、最初の2カ月は、〈年7・3%〉または〈前年11月30日の公定歩合+4%〉のいずれか低いほうでかけられます。

● 過少申告加算税　修正申告や更正によって納付することとなる税金に対して、10%~

15％の割合でかけられます。

Q8 コワいと聞く「重加算税」って？

修正申告の後の附帯税に、「重加算税」という税金がかけられることもあると聞きました。友人が「サラ金なみの税率だ」と言います。本当ですか？

A

適正に申告しなかった納税者に対するペナルティとして「過少申告加算税」がかけられると説明しましたが、過少申告加算税よりもきついペナルティとして、過少申告加算税に代えてかけられるのが「重加算税」です。35％または40％の割合なので、確かに「サラ金なみ」なのかもしれません。故意に売上を除外したり、架空経費を計上した場合です。単純な経理ミス等はこれにあたりません。

なお、過少申告加算税か重加算税かの線引きは、実際のところ、非常に微妙だと思われます。調査官の考え方次第なのか、それとも税務署に重加算税をとる件数のノルマがあるのか。なぜ重加算税がかけられるのか、理解しがたいケースも少なくありません。納得できなければ、異議を申し立てるべきでしょう。

●こんな事例

建築関係は外注先を多く使います。自分の所が受けた仕事を、下請け業者を使って進めていきます。外注した仕事にお金を払いますが、実際には外注をしていないのに、したように処理をするケース。それはすぐに見つかりました。

税務調査では、調査官が、資料せんを持参し、突き合わせをしていきますが、この会社には定期的な外注の支払い（振り込み）以外に、わざと作ったような請求書と領収書がありました。市販されているもので、筆跡もわざとらしかったのです。

そこで、税務署が反面調査をして相手先を調べました。本来、私たちは反面調査を断るというスタンスですが、クライアントの説明や資料が１００％信じられないと感じたので、反面調査に行くと言われて認めたという事案でした。

すると、相手業者がいなくて、架空の外注だったと判明しました。月に50万円くらいを、振込みでなく現金払いで。金額的にも端数のないラウンド数字でした。

これには重加算税がかかりました。

●こんな事例

機械製造会社の税務調査の最終日。２人の調査官とも、威圧的になることがなく、納税者も不愉快な思いをすることなく、調査は終了に近づきました。

「今日で調査は終わります。作業くずの売却代金の漏れを修正して下さい。金額もわずかですから、重加算税はかかりません」

という調査官の言葉に、社長は「やれやれ。よかった」と胸を撫でおろし、無事終了となりました。

ところが、数日後、その調査官から、打って変わった内容の電話が入ったのです。

「先日の件ですが、署に帰ってから上司といろいろと検討したところ、重加算税をかけることにしました」

社長は耳を疑ったと言います。腰をぬかさんばかりにびっくり。もちろん立腹です。しかし、ひと呼吸置いてから、こう返しました。

「この前調査に来たとき、なぜ漏れたのかをきちんと説明したじゃないか。あなたも納得したので、重加算税はかからないと言ったではないか。それなのに、この期に及んで重加算税をかけるとはどういうことだ。きちんと説明しなさい」

もちろん、えらい剣幕です。「署で検討し直したところ……」と繰り返すばかりの調査官に、社長はさらにこうまくしたてました。

「朝令暮改じゃないか。公務員が、いったん口に出した言葉には責任を取ってもらわないと困る。あなたのやっていることは、背中から相手を斬りつける行為に等しい。まったく納得できない」

話しているうちに興奮してきて、途中でガチャンと電話を切ったといいます。

その後どうなったのかというと、翌日、件の調査官から、社長にまた電話が入り、

「統括官と再度相談したところ、今回の件について、重加算税はかけないことに決まりました。ご迷惑をおかけしました」

と詫びてきたのだそうです。

重加算税が取り下げられたから良かったものの、税務署の対応に、疑問と不審が未だに残ると社長は振り返ります。

Q9 「補佐人制度」って何？

顧問の税理士さんが、「もし税金裁判にでもなったら、税理士は裁判所に出廷できる補佐人という制度があるんだ」と、頼もしいことを言っていましたが、補佐人とは何ですか。

A 税理士法第2条の2に税理士の業務として、「税理士は、租税に関する事項について、裁判所において、補佐人として、弁護士である訴訟代理人とともに出頭し、陳述をすることができる」と定めています。

税務調査の結果、納税者の納得が得られず、税務署が更正や決定の処分をした場合に、これらの処分に納税者が不服であれば、最終的には税金裁判になります。税金裁判になれば、顧問の税理士に、法廷で納税者の言い分を専門家の立場で主張して欲しいと思われるでしょう。この願いが2001年の税理士法改正によって実現しました。この制度を補佐人制度といいます。いま税金裁判で、納税者の依頼で税理士が補佐人として法廷で意見を述べるケースが増えてきています。もし税金裁判になったら、弁護士さんと相談して税理士を補佐人に据えて、闘ったらいいと思います。

なお、補佐人の税理士は法廷で意見を陳述することはできますが、相手に質問したりできる尋問が明記されていません。また、本人訴訟には補佐人制度がありません。これらのことが可能になるように、更なる税理士法改正が必要です。

Q10 税務調査でのクレームはどこに出す?

先日、税務調査を受けましたが、腑に落ちないことがあります。どこにクレームを出したらいいですか。

A

国税庁のホームページ（「国税庁」で検索）に「ご意見・ご要望」のリンクボタンがあり、クリックするとページが開き、再び「ご意見・ご要望」のリンクボタンがあり、「税務行政に対する国税庁へのご意見ご要望を受け付けています」とコメントされ、クリックするとクレームなどを書き込める画面が開きます。各国税局のホームページにも同じ画面がありますので活用することをおすすめします。また、「納税者支援調整官はこちら」というボタンがあり、「国税局や税務署の仕事に対する苦情や困りごとについて相談に応じています」というのもあります。総務省のホームページでも、同様に「ご意見・ご提案」のコーナーがあります。

Q11

「請願権」って憲法の権利？

調査官が社長の留守中、突然調査に来たことがありました。急ぎの仕事もあり、日を改めてほしいと言ったのに聞き入れられませんでした。強引な調査が始まったんですが、そういうときに「請願権」を活用したらよかったと聞いたのですが……。

A

請願権とは、国や地方公共団体に関するあらゆる事項について、意見や苦情があれば、これを国や地方公共団体あるいは国会などに申し出ることができる権利のことです。

ご質問の場合ですと、事前通知は適正手続（憲法第13条、第31条等）から当然必要な手続きで、国税庁も「税務運営方針」において「納税者の主張に十分耳を傾け、いやしくも一方的であるという批判を受けることがないよう、細心の注意を払わなければならない」と述べており、突然の調査は尋常ではなく、その行為を糾《ただ》し、権利を守るために請願権を行使すること（請願書を提出すること）が役立ちます。

この場合、請願書では、ことの経緯とともに、公務員の憲法尊重擁護の義務との関係、突然調査に来た根拠等を文書で回答するよう求めるのがいいでしょう。

請願書の提出は、単なるお願い文書にすぎない嘆願書などとは異なり、憲法上の権利です。憲法には、「何人も、損害の救済、公務員の罷免、法律、命令又は規則の制定、廃止又は改正その他の事項に関し、平穏に請願する権利を有し、何人も、かかる請願をしたためにいかなる差別待遇もうけない」と定められています。

かつては、厳罰に処せられた「直訴」という民意上達の方法がありましたが、今日では請願権が、裁判を受ける権利と同様の受益権として位置づけられています。

行政処分がなされた後の救済手段として、異議申立て、国税不服審判所への審査請求、裁判所への提訴等がありますが、行政庁の処分について争うには多くの困難を伴います。

税務署の横暴に対し、請願権を行使することは、違法な課税処分をさせない予防手段として、または、納税者の権利を守る手段として有効です。

200×(平成2×)年3月20日

反面調査に関する請願書(見本)

○○　○○　××税務署長　殿

請願人　大阪市××区■■町○丁目○番○号
株式会社　■■■■■■
代表取締役　△△　△△　㊞
代理人　大阪市中央区瓦町3-3-7瓦町KTビル6階
税理士法人　大阪総合会計事務所
社員税理士　清家　裕　㊞
社員税理士　楠　　薫　㊞
社員税理士　橋本憲治　㊞
社員税理士　竹内克謹　㊞

事実経過

・本件調査の事前通知は、200×年11月22日代理人である税理士法人大阪総合会計事務所に××税務署特別国税調査官□□□□氏から電話で行われた。

代理人が、調査官の申し出の日程と納税者の都合が合わないため、調査日程の変更を申し入れる。調査官から、調査の効率化のため帳簿類を預りたいとの申し出があったが、代理人は納税者の前で調査するよう求め、帳簿類の持ち帰りを断った。しかる後、初日の調査を200×年12月13日午前10時からと決定した。

・第1回調査(200×年12月13日午前10時から午後4時)

××税務署特別国税調査官□□□□氏(以下「調査官」と言う)が一人で臨場。取締役の職務と報酬、従業員の職務と給与に関する質問等があり、社長が概ね次のように回答する。「私はサラリーマン時代からずっと営業畑を歩んできた人間です。独立開業にあたって、いちばん心配していた部分が労務管理や経理事務で、自分の能力にない部分を他の非常勤取締役に補って貰っています。当社に関る重要事案が発生する都度、臨時に集まってもらい相談しています。例えば、得意先・仕入先とのトラブル処理の対応、会社内部での労使間のトラブルへの対応です。報酬はこれらの業務に報いるものとして相当額を支給しているいるのです」と。そして取締役会議事録等の確認があった。議事録等のコピーを断ると調査官は延々とそれらを筆記した。

・第２回調査(200×年2月9日午前10時から午後4時)
再度、取締役の役割についての質問があった。これまでの説明を繰り返す。調査官から取締役の役割について「検討したいので、文書にしてほしい」旨の要請があった。「分かりました。考えます」と返答。大半の時間を筆記に費やす調査のあり方に疑問を感じている旨を社長及び代理人が表明する。調査官からまだ調査をするとの返答で、次回、第3回調査を200×年3月23日と決めその日の調査を終了する。その際、調査官から確定申告期は外しますとの言明があった。

・請願人から代理人に電話連絡(200×年3月8日午後3時0分)
代理人が応対する。「いま××税務署員がＡ取締役の自宅に来たとの連絡があった。取締役個人の自宅にまで行くと言うのはどういうことでしょうか」との内容。

・貴署特別国税調査官□□□□氏へ電話連絡(200×年3月8日午後3時)
代理人が電話連絡する。電話でのやり取りは概ね次の通りである。なぜＡ取締約のところへ行ったのか理由を尋ねる。「反面調査」であるとの返答。「現在、調査は継続中であり、次回調査は3月23日に予定している。にもかかわらず、納税者への事前の連絡もなしに、どういう必要性があって行ったのか、勝手に行けるのか」と糺す。「私ひとりの判断ではない。調査担当者間での判断で行かせてもらっている。反面調査をするのに事前に断る必要はない」との返答。
その後、同日中にＢ取締役の他、Ｂ取締役、の自宅にも反面調査している旨、請願人から代理人に連絡がある。何れもアポイントなしで2名の調査官が臨場。名刺は渡さず身分証明書らしいカードをさっと示されただけで、名前も判らない状況で調査を受ける。Ｂ取締役は調査官の作成した文書にサインをさせられている。

請願事項
1. 文書で回答を求める事項
以下の質問事項について、憲法16条(請願権)、請願法5条(請願の処理)にもとづき文書で回答することを請願する。

・憲法13条(個人の尊重、生命・自由・幸福追求の権利の尊重)、31条(法定手続きの保障) 税理士法34条(調査の通知) から反面調査についても事前通知(適正手続) が求められると解するが、任意調査において、「反面調査をするのに事前に断る必要はない」とは如何なる法的根拠にもとづくものか。

・「税務運営方針」（国税庁）に「税務調査は、その公益的必要性と納税者の私的利益の保護との衡量において社会通念上相当と認められる範囲内で、納税者の理解と協力を得て行うものであることに照らし、一般の調査においては、事前通知の励行に努め、また、現況調査は必要最小限度にとどめ、反面調査は客観的にみてやむを得ないと認められる場合に限って行うこととする。」とあり、さらに法人税法156条等は「質問又は検査の権限は、犯罪捜査のために認められたものと解してはならない。」としている。抜き打ちでの自宅への訪問は、各取締役に「調査」と「捜査」の混同を招き、強い心理的不安に陥れた。事前の通知を怠ったために、このような無用の負担を強いた今回の反面調査はこれら「税務運営方針」、法人税法の趣旨に反すると考えるが、適法に行われたといえるのか。

・前掲の「税務運営方針」からも納税者本人の調査ではどうしてもわからない客観的、合理的理由があるときに、納税者の了解のもとではじめて反面調査にとりかかることが可能になると考えるが、取締役への反面調査には、どのような客観的、合理的理由があったのか。しかも、第2回調査時に、調査官から、取締役の役割について「検討したいので、文書にしてほしい」旨の要請しておきながら、その文書の提出も待たず、反面調査を行うことにどのような客観的、合理的理由があるのか。

・近畿税理士会と大阪国税局との定例懇談会において大阪国税局が『確定申告期の税務調査については、従前同様、個人・資産課税関係は、2月16日から3月15日までの間、法人課税関係は3月1日から3月15日までの間は、原則として税理士及び税理士法人の関与している納税者に関する実地調査は行わないこととしたいと考えている。しかしながら、本年の確定申告期においては、税理士の皆様方に、従前以上に、地区相談所等での税務指導・相談に従事していただくことに鑑み、実地調査を行う場合には、「調査日時等について早期に関与税理士等に連絡し、地区相談所等における従事状況等を確認の上、事前に十分な協議を図る」ことについて、更に徹底するよう各署に指示していきたい。』と言明しているが、今回の反面調査は大阪国税局の言明に反しないのか。

2. その他の事項

本請願事項にたいする文書回答は、200×年3月27日までに行うこと。

本請願に関しては一切代理人に連絡すること。

以上

第4章

税と税務調査の基礎知識

Q1 サラリーマンの払う税と個人事業主、法人事業者の払う税、どう違う？

長年働いた会社を退社し、来年には独立します。これまであまり「納税」を意識してきませんでしたが、「サラリーマンは給料全額に税金がかかったが、個人事業主になれば節税できる」と聞きますが、実際、サラリーマンと個人事業主の税はどう違いますか？

A

「所得税」と「住民税」を払わなければならないのは、サラリーマン（パート、アルバイト、契約社員など非正規雇用者を含む）も個人事業主も同じですが、事業を始めると、自分で計算し、申告書を提出して、税金を納めなければならないのが、大きな相違点です。

サラリーマン、個人事業主それぞれの「収入（所得）」と「課税所得」とは何を指すか、から説明しましょう。

サラリーマンの場合、1年間に会社からもらう月給とボーナスの合計を「給与収入」といいます。その額に応じて「給与所得控除」の額が定まっています（たとえば１０００万円の給与収入には、２２０万円の控除があり、サラリーマンの「必要経費等」と考えられているのです）。給与収入からこの給与所得控除を差し引き、さらに所得控除（基礎控除、配偶者控除、扶養控除、社会保険料控除等）を差し引いた額が「課税所得」で、これに対して所得税と住民税がかかってきます。

こうした計算は、年末調整も含め会社がやってくれます。

一方、個人で事業を営んでいる個人事業主の場合は、毎年１月１日から12月31日まで１年間の売上を「総収入金額」といいます。そこから、必要経費（たとえばパン屋さんなら、原料費、店舗家賃、光熱費、人件費等）を差し引いた額を「事業所得」といい、サラリーマンの「給与所得」と同じレベルと位置づけられています。

この事業所得から、所得控除等を差し引いた額が、個人事業主の「課税所得」です。サラリーマンと違って、これらの計算を自分でして、確定申告をしなければなりません。課税所得にはサラリーマンと同様、所得税と住民税がかかるほか、「事業税」もかかってきます。

事業税には年間２９０万円の「事業主控除」があります。

法人事業者の場合は、法人の大小、売上の多い少ないにかかわらず、「法人事業者（社長）は会社から給料をもらう」わけですから、所得税、住民税はサラリーマンと同様に算出されます。つまり、法人事業者の給料は「法人を営業するための必要経費＝法人税法では『損金』」のうちの一つ。個人事業主だったパン屋さんが法人事業者になると、個人で「事業税」を払う必要がなくなり、その代わりに「給与所得控除」（給与収入１０００万円なら２２０万円）の恩恵にあずかるわけです。

また、法人は、すべての必要経費を差し引いた後の「所得」に対して「法人税」「法人事業税」「法人住民税」を払わなければなりません。

サラリーマンには給与所得控除があることを知らない人で、「会社からもらう給料全部に税金がかかっている」といった誤解をしている人がいます。

「個人事業主は節税できる」というイメージは、「プライベートの外食やガソリン代、スーパーの買い物まで必要経費で落とせる」とのイメージからでしょうか？　そう甘くはありません。そんな姑息なことをせず、正しく申告した上で「税務調査を楽しもう」というのが、この本の趣旨ですので、お間違いなきよう！

Q2 税金は「払わない」わけにはいかない？

税金は「取られている」という気がして、納めるのがなんだかバカバカしくなります。税金を払わなければどうなるのでしょうか？

A

所得税、法人税、消費税とも所定の期日までに払わなければ、税務署から督促状が届きます。それでも払わないと電話がかかり、あげくに財産を差し押さえられます。差し押さえは「督促から10日以内」と決められており、昨今の経済情勢で「払いたくても払えない人」が増えているのが実情です。差し押さえされた財産（一般的には不動産、売掛金、生命保険、預貯金が対象とされ、最低生活が不可能となる生活費や家財道具などは除外されます）は競売にかけられ、その収入が未払い分の税金に充てられ、残った額は本人に返却されます。

戦前は税務署が税額を決めて「あなたはいくら払いなさい」と言ってくる「賦課《ふか》課税方式」

でしたが、１９４７年（昭和22）から「申告納税方式」になったので、税金は「取られる」ものではなく、「（自ら進んで）払う」ものだというのが原則。それなのに「取られている」という感覚をもつ人が多いのは、不公平感が免れないからでしょうか。

だからといって払わないわけにはいかない。経済状況が悪くて払えないときは、延納の手続きをします。所得税の納期限は３月15日ですが、半額以上を同日までに払い、税務署長あてに延納の届出を出せば、５月31日まで延長され、年４・５％（公定歩合によって変動）の利子税がかかります。延納の手続きをしないでいると、３カ月後には年14・６％もの延滞税を払わなければならなくなるので、それならば然るべき金融機関から借り入れをしてでも払うほうが得策だとも考えられます。

Q3 「法の下の平等」って、税金には適用されていない？

憲法に「法の下の平等」というのがあったと思うのですが、こと税金に関しては、平等とはいえないのではないのでしょうか？　お金持ちのほうが優遇されていて、ビンボー人は損ばかりしているような気がするのですか。

A

「法の下の平等」とは、「国民一人ひとりが国家との法的権利・義務の関係において等しく扱われなければならない」という「平等原則」のことです。おっしゃるとおり、憲法第14条に「すべて国民は、法の下に平等であって、人種、信条、性別、社会的身分又は門地により、政治的、経済的又は社会的関係において、差別されない」とあります。それなのに、税には不公平感がある……。同感です。

たとえば消費税。年収2億円の人も年収200万円の人も、一律5％が徴収されていますね。所得額に関係なく、一律に税金をかけるのは間違いではないかと、私たちも思っています。「不払い人を出さない平等な税。しかも、お金持ちはものをたくさん買うから消費税をたくさん払う」という理屈がありますが、政府のデータにより試算されたものによると、消費税負担率は年収2000万円以上の世帯は1・4％、200万円以下の世帯は5・1％。収入の低い世帯のほうが負担割合が高い（「税負担の逆進性」といいます）のは、確かに問題です。

サラリーマン対個人事業主に関しては、かつて「クロヨン（9・6・4）」、「トーゴサンピン（10・5・3・1）」という言葉がありました。クロヨンの「9」はサラリーマンで、「6」は商売人、「4」は一次産業者、「トーゴサンピン」は「10」がサラリーマンで、「5」が商売人、「3」が一次産業者、「1」が政治家。所得の補足を比較対照する言葉として、不公平をプロパガンダするためにマスコミが使っていたのです。これらの数字を裏付けるデータはなく、1989年の消費税導入後は使われることが少なくなりましたが、さて、読者のみなさんの実感はいかがですか？

Q4 個人事業主が払うのは何税？

個人事業主の場合、支払わなければならない税金にはどんな種類があるのでしょうか？

A

個人事業主が収入を得たときに支払う税金には、次の種類があります。

●所得税

事業によって得た儲け（事業所得）に、不動産所得など他に所得があればこれらを総合した額にかかる国税です。１月１日から12月31日までの収入から必要経費や各種所得控除額を差し引いた課税所得金額に、税率をかけて計算。申告します。納税は、翌年３月15日までとなっています。

たとえば、事業所得が年間５００万円・各種所得控除額の合計額が２００万円の場合の計算式を見てみましょう。

●５００万円－２００万円＝３００万円

●３００万円×10％－９万７５００円（所得税額速算表による）＝20万２５００円

20万２５００円が所得税額になります。

●事業税

個人事業主が、儲けがある場合にかかる都道府県民税です。事業所得・不動産所得等の合計が、事業主控除額の年間２９０万円を超える場合が対象となります。所得税の確定

所得税額速算表

課税総所得金額等		税率	控除額
超	以　下		
	195万円	5%	0円
195万円	330万円	10	97,500
330万円	695万円	20	427,500
695万円	900万円	23	636,000
900万円	1,800万円	33	1,536,000
1,800万円		40	2,796,000

〔参考〕

個人の住民税

(1)市町村民税・道府県民税均等割(標準税率)

税目／区分	市町村民税	道府県民税	合計(平成20年分)
市町村及び道府県	(標準税率)3,000円	(標準税率)1,000円	4,000円

(2)個人住民税(道府県民税・市町村民税)
所得割税速算表(標準税率)

課税総所得金額・調整所得金額・課税退職所得金額・課税山林所得金額	道府県民税	市町村民税
	税率 4%	税率 6%

〔参考〕個人住民税率は一律に10%となります。

申告に基づき、事業所得が一定額を超えれば、役所から納税通知書が送られてきます。

●住民税

住民税は、都道府県民税と市町村民税を合わせた税金です。所得税の確定申告をすれば、事業税と同様に、役所から納税通知書が送付されてきます。

住民税には「均等割」と「所得割」の2種類があり、「均等割」は収入金額に関係なく課税されます。その金額は各自治体によって異なります。「所得割」は、収入・所得に応じて課税される税金で、税率と控除額がそれぞれ決められています。

●消費税

消費税は、事業者で納税義務者であれば申告・納税しなければなりません。毎年1月1日から12月31日までの消費税を翌年3月31日までに申告・納税します。ただし、基準期間（その年の2年前）の課税売上が１０００万円以下の個人事業主は納税が免除されます。

Q5 法人が払うのは何税？

法人が支払うべき税金は、最近たび重なる税制改革によってその内容が変わってきていると聞きますが、法人（株式会社・特例有限会社・合同会社等）が収める税金には、どんな種類がありますか？

A

日本国内に本社や事務所、事業所を有する法人が支払うべき税は、以下のとおりです。

●**法人税**

法人税とは、法人として事業を行い、儲けがある場合にかかる国の税金です。事業年度の収益から費用を控除し、法人税法上の調整をした所得に税率をかけた金額が納税額となります。期間は1年単位です。法人の事業年度終了日から2カ月以内に自主的に、申告・納税しなければなりません。

●**法人事業税**

法人事業税とは、法人税と同じく、事業年度終了日から2カ月以内に自主的に都道府県に申告・納税する税金です。

●**法人住民税**

法人住民税は、事業所のある都道府県および市町村に自主的に申告納税する税金です。

資本金や従業員数に応じた「均等割」と、法人税額を課税標準とする「法人税割」の2種類があります。

●消費税

基準期間（その期の前々事業年度）の課税売上が1000万円を超える場合、売上にかかった消費税から、仕入の際に支払った消費税を差し引いた金額を納付します。

Q6 事業者が、税務署に提出しなければならない法定調書は？

事業を行っていたら、税務署に提出しなければならない法定調書が何種類もあると、聞きました。どういった文書があるのですか？

A

税務署への提出が法律で義務づけられている文書（法定調書）は、46種類あります。主なものを、あげましょう。

①給与所得の源泉徴収票
②退職所得の源泉徴収票
③報酬、料金、契約金、賞金の支払調書
④不動産等の使用料等の支払調書
⑤不動産等の譲り受けの対価の支払調書
⑥不動産等売買・貸付の斡旋手数料の支払調書
⑦公的年金等の源泉徴収票

以上の法定調書の提出期限は、翌年1月31日です（例外的な場合を除きます）。法定調書を税務署に提出する場合には、それぞれの法定調書ごとに合計表を沿えて提出することになっています。ただし、①〜⑥の法定調書の合計表は1枚の様式にまとめられていて、①〜⑥がない場合にも合計票だけは所要事項を記入して、提出するよう義務づけられています。

なお、税務署からの法定調書以外に、法律で提出が義務づけられていない法定外文書の提出が求められることもありますので、その見きわめに注意してください。

平成　年分 給与所得の源泉徴収票

（税務署提出用）
扶養の表示方法は該当欄に○印を記入してください。

支払を受ける者	住所又は居所	方	氏名	受給者番号
				フリガナ
				（役職名）

種別	支払金額	給与所得控除後の金額	所得控除の額の合計額	源泉徴収税額
	内　円	円	円	内　円

控除対象配偶者の有無等				老人	配偶者特別控除の額	控除対象扶養親族の数（配偶者を除く）						障害者の数（本人を除く）		社会保険料等の金額	生命保険料の控除額	損害保険料の控除額	住宅借入金等特別控除の額
						特定		老人		その他		特別	その他				
有	無	従有	従無		円	人	従人	内　人	従人	人	従人	内　人	人	内　円	円	円	円

（摘要）	
年調定率控除額　円 年少扶養親族　人	配偶者の合計所得　円 個人年金保険料の金額　円 長期損害保険料の金額　円

夫あり	未成年者	乙欄	本人が障害者		老年者	寡婦		寡夫	勤労学生	死亡退職	災害者	外国人	中途就・退職					受給者生年月日						
			特別	その他		一般	特別						就職	退職	年	月	日	明	大	昭	平	年	月	日
															11									

支払者	住所（居所）又は所在地	
	氏名又は名称	（電話）
整理欄	①	②

315－1

①

平成　年分　報酬、料金、契約金及び賞金の支払調書

支払を受ける者	住所（居所）又は所在地	
	フリガナ 氏名又は名称	

区分	細目	支払金額	源泉徴収税額
		内　千　円	内　千　円

（摘要）

支払者	住所（居所）又は所在地	
	氏名又は名称	（電話）

03	整理欄	①	②

（注）この調書は、2枚提出してください。

309－1

Q7 「資料せん」の提出を求められたら？

最後に税務調査を受けたのが5年前です。税務署から1月から6月までの売上、仕入等について資料を求める文書が届きました。「資料せん」と呼ぶそうですね。かなりの件数です。提出しなければなりませんか？

A

提出の必要はありません。

ご質問の文書は「売上、仕入、費用及びリベート等」に関する資料提出の依頼文書でしょう。税務署からの「お願い」にあたり、法定文書とはまったく違うものですから、提出しなくていいのです。

こういった資料の記録用紙は「資料せん」と呼ばれています。税務署では、税務調査に有益な情報を得るために、一所懸命に資料せんを集めようとしています。

あなたが貴重な時間を使って資料せんを作成し、税務署の「お願い」に応じたら、その

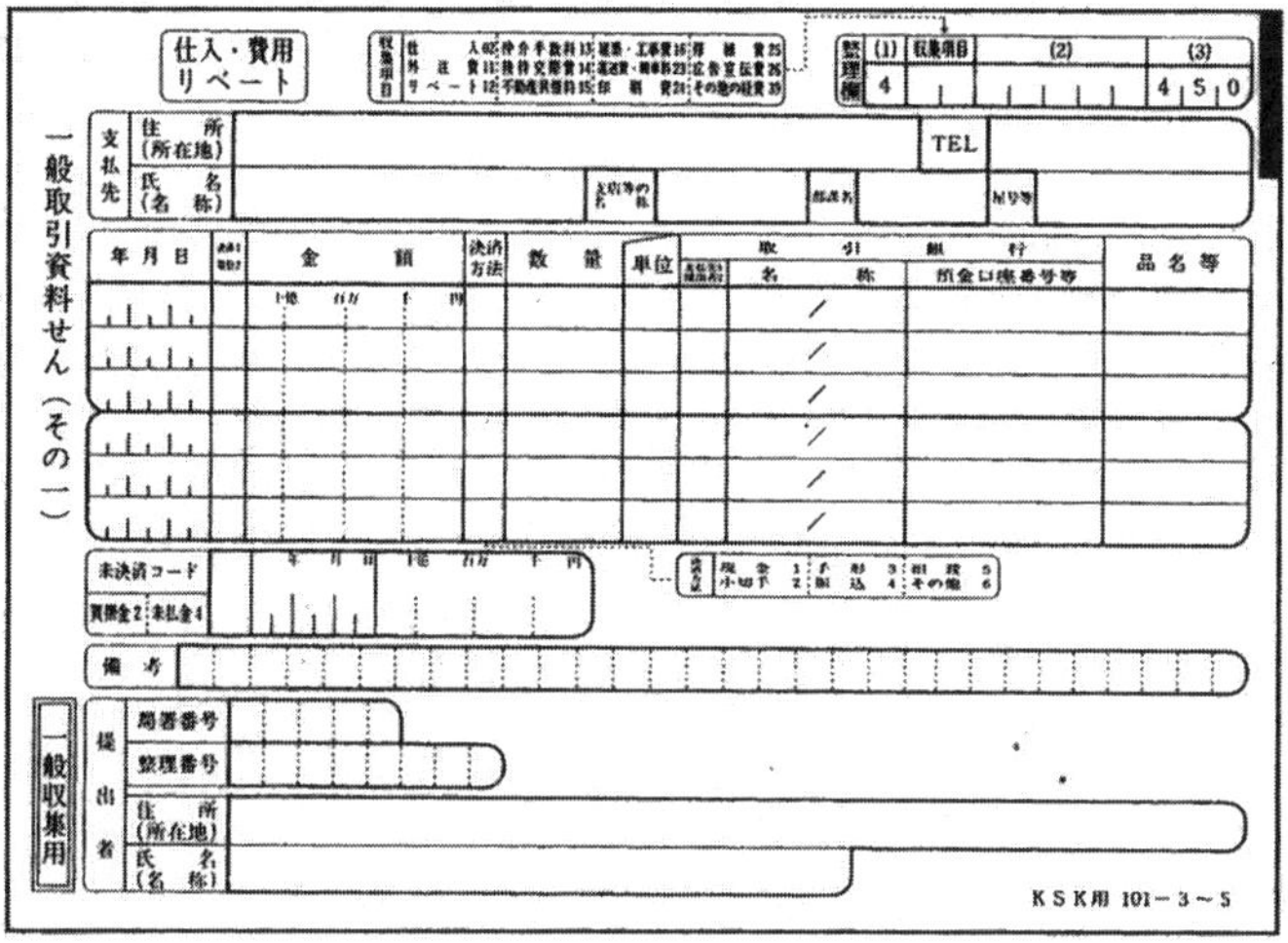

一般取引資料せん（その一）

仕入・費用
リベート

整理欄 (1) 収集項目 (2) (3)
4 4 5 0

支払先 住所（所在地） TEL
氏名（名称）

年月日 金額 決済方法 数量 単位 取引銀行 名称 預金口座番号等 品名等

未決済コード 買掛金2 未払金4 年 月 日

決済方法 現金 1 小切手 2 手形 3 振込 4 相殺 5 その他 6

備考

一般収集用

提出者 局署番号 整理番号 住所（所在地） 氏名（名称）

KSK用 101－3～5

資料せんはどう使われるか。

提出した資料せんは、税務署のコンピュータに入力され、仕入れ先や得意先の税務調査のときに、税務署側の反面資料として利用されます。

Q8 「(決算内容についての)お尋ね」という文書が到着。応じなければならない?

長く、税務調査を受けていません。「決算内容についてのお尋ね」という文書が届きましたが、応じなければなりませんか?

A

応じる義務はまったくありません。

法律で提出が義務づけられているのは、「Ｑ６－Ａ（１４２ページ）」に記した法定文書だけです。「お尋ね」は、法定文書ではありませんので、提出は任意なのです。

ですから、電話や文書で、税務署からその後提出依頼が届いても、「義務のないものは、提出しません」と言えばよいでしょう。協力しないからといって、罰則等を受けることはありません。

あなたのところに届いたのは、「決算内容についてのお尋ね」だったようですが、同種の法定外文書にはさまざまな種類があります。１部をご紹介しましょう。

- 「源泉徴収事務についての見直しのお願い」
- 「取得された株式等についてのお尋ね」
- 「報酬（給与）の支払い内容についての照会」
- 「所得税の確定申告について」
- 「贈与を受けた家屋（構築物）の敷地についてのお尋ね」
- 「ゴルフ会員権の譲渡内容についてのお尋ね」
- 「新（増・改築）築、買入又は賃貸された家屋等についてのお尋ね」
- 「借入金照会書」
- 「譲渡所得の申告内容についてのお尋ね」
- 「外注費の支払いについてのお尋ね」
- 「登記名簿変更のお尋ね」

最近の「お尋ね」の中には、かなり詳細な内容を求めるものも増えていて、実質的には税務調査の前触れのようなものです。税務署は、「お尋ね」に記載された内容を元に、あなたの会社、取引先の会社の何らかの問題点を探ろうとしているのです。

Q9 「呼び出し」の文書が来たら？

税務署から「呼び出し」の文書が届き、帳簿や資料を一式持って来るように書いてありました。これは次回の税務調査の前触れなんでしょうか。どう対応していいのか、教えてください。

A

ずばり、「呼び出し」に応じる義務はありません。

「呼び出し文書」には、「平成19年度、20年度、21年度の確定申告について」として、「事業所得についてお尋ねしたいので、○○年○月○日午前○時に税務署までお越しください。①このハガキと印章、②事業所得の計算の元となる帳簿書類、③経費関係の領収書、請求書、④預金通帳などをお持ちください」といった内容でしょう。

申告納税制度のもとでは、税務調査には適正手続き（事前に納税者の都合を聞き、税務調査の理由を明らかにすること）が必要です。しかし、「呼び出し文書」には、呼び出す理由が書かれていないのですから、適正手続きを欠いていると私たちは判断します。つまり、法的根拠がないため、応じる必要がないのです。

　では、なぜ税務署は「呼び出し文書」を送りつけてくるのでしょうか。あわよくば修正申告をさせて、税の追徴をすると同時に、今後の申告に圧力をかけようとするのが目的です。おっしゃるとおり、「税務調査の前触れ」です。

「印章を持参する」の記述から、その場で修正申告書を作成し、印鑑を押させて提出させようという意図が見えます。3年分の領収書、請求書も、帳簿書類も大量なので、納税者の心理的・時間的負担が大きい。それが税務署の狙いなのです。

「呼び出し文書」が届いたら、電話で「文書に理由が書かれていない」と指摘し、「法的根拠がないことには応じられない」と伝えましょう。このやりとりだけで、税務署があっさりと「呼び出し」を断念するケースが何例もありました。もしも「そんなことを言うなら、後日、税務調査に行きます」と税務署が言うのであれば、「どうぞ」でいいのです。

Q10

「申告納税制度」ってどういうこと?

今年3月に確定申告のため税務署に行ったら、玄関に「税務署では、申告納税制度の一層の定着を図るため確定申告書等の提出書類についてご自分で正しく作成していただくよう『自書申告』を推進しています」と書かれていました。ここに書かれた申告納税制度とはどういうことですか。

A

税金の納付額の確定の仕方に、申告納税制度（申告納税方式）と賦課《ふか》課税制度（賦課課税方式）の二つの方式があります。これらの方式については、国税通則法第16条に定められています。

1. 申告納税制度（申告納税方式）

申告納税方式とは、納付すべき税額が納税者のする申告により確定することを原則とし、申告がない場合、税額の計算が法的に誤っていた場合、税務調査した税額と異なる場合に限り、税務署の処分により確定する方式をいいます。

２．賦課課税制度（賦課課税方式）

賦課課税方式とは、納付すべき税額が税務署の処分により確定する方式をいいます。

事業を始めるとかかる主な税金について４章Ｑ４、Ｑ５（１３６～１４１ページ）で説明しましたが、申告納税制度を採用しているのが所得税、法人税、法人事業税、法人住民税、消費税です。税務調査は主に税務署が行います。したがって、申告納税方式を採用している税金のうち、税務署に申告・納税される所得税、法人税、消費税は、納税者自らが計算し、申告・納税して第一義的に税額が確定します。そして第一義的に確定した税額に対し、税務署は各税法の「質問検査権」に基づき、「必要があるとき」に税務調査を行います。

申告納税制度は、納税者の税金が「税務署が決めるのではなく、納税者自らが決める」ものであるという、憲法の主権在民の精神を税法的に表現した大変重要な制度です。納税者も税理士も税務署もこの申告納税制度を形骸化させることなく、お互いに擁護し発展させなければなりません。

Q11 設立何年目で税務調査がやって来る？

これまで個人で事業をやってきました。順調なので法人化しようかと思っています。法人にしたら、すぐに税務調査が入ると聞きますが、そうなんですか？

A 個人事業主が法人を立ち上げると、途端に税務調査が入るというケースはよくあります。

この場合、税務署はまず個人の税務調査に入ります。個人事業時代の税金を過去何年もに遡って調査することもあるのです。

個人事業主は法人化により給与所得者になります。そして、個人が所有している財産、たとえば仕事に使う道具類、パソコンや機械類などを法人に売ることになります。

そのとき、それらの販売価格が適正かどうかを税務署は調べます。安くすると個人の収入が少なくなりますが、高くすると、税務署は一般的な価格と比べて「高すぎる」と言うのです。新規法人への税務調査は、そういった小さなことから進められます。

サラリーマンからの法人独立開業の場合は、開業してすぐに税務調査が入るというケースは少ないでしょう。税務署は、開業届や初年度の申告書を見ても事業の実体を掴めないことが多いからです。一般的に、法人化して3年後あたりに税務調査が入る可能性が高いようです。

Q12 税務調査は何年周期で行われる？

税務調査は3年周期で入ると聞きました。わが社では5年前に税務調査が入りましたが、それ以降入っていません。何年周期というものがあるなら、教えてくれませんか？

A 税務調査が行われるのは3年に一度……というのは噂に過ぎません。10年間調査に来ないところもあれば、2年で来たところもあり、千差万別です。

税務調査の実施理由は、税務署から見て「ここを調査したら税金が取れるのではないか」という思惑のようなもので、単に「一度様子を見にいこう」という感覚で来ることもあります。

ほかに、従業員からの内部告発や同業者等からの外部告発によって調査が行われることもあれば、週刊誌やインターネット上での記事や書き込み情報、風聞等によって調査が実施されることも、「重点調査業種の調査」として、その年の重点調査を業種単位で絞り込むこともあります。

最近、税務調査の多い「重点調査業種」に挙げられるのは、パチンコ、医療、バー・クラブ、ラブホテル、IT系、情報通信系、ネットカフェ、マンガ喫茶、インターネットビジネス、廃棄物処理、再生資源卸売、自動車・自転車販売、土木工事などの業種です。

国税庁の調査データでは、個人事業主への税務調査の割合は全体の2％程度。個人事業主の立場から言うと、調査実施の確率は50年に一度程度の割合になります。

法人への税務調査も4％程度。以前は10％程度でした。調査比率が減少しているのは、法人数の増加と税務署の人手不足によるもので、消費税導入後、税務署の仕事が増えて調査が手薄になった、庶民への増税により納税者数が増えて分母が大きくなったという側面もあります。10％くらいに戻し、税収を上げたい意向があるようですが、税務署も忙しいようですね。

Q13 赤字の会社に税務調査は来ない？

弊社は長年に渡り赤字経営が続いているので、税務調査とは無縁だと思うのですが、赤字の会社にも税務調査は来るのでしょうか？

A

赤字を出している法人にも、税務調査は来ます。また、何年か赤字が続いた後、黒字に転じると途端に税務調査が来ることも少なくありません。

実は、日本の会社のうち、黒字会社は約3割に過ぎず、約7割が赤字会社です。赤字でも、消費税や源泉所得税を納税しなければなりませんから、それらを主眼とした調査が来るのです。

Q14

従業員5人以下の会社に税務調査は来ない？

従業員4人の零細企業である我が社に、税務調査が入るとは思っていなかったのですが、知人から「従業員数は関係ないよ」と言われました。本当でしょうか？

A

従業員数が少なくても税務調査は来ます。

税務調査は、法人税、消費税、源泉所得税等を対象に、正確かつ適正に申告しているかどうかを調査することが目的です。適正に申告しているつもりでも、どこかに問題点などがあると税務署が判断すれば、会社の規模に関係なく調査が入ります。

従業員が少なくても利益を上げている会社は数多く存在します。

たとえば、従業員数わずか数名で、年商6億。作業効率が良く、週休3日、社員給与も高水準という医療部品メーカーもあります。この会社は、税務署にとって「税金を取るに恰好の会社」と映りますので、税務調査がたびたび入っています（が、そこの社長は「スネに傷がないので、何もコワくない」と言っています）。

税務調査の対象とするかしないかは、従業員の数には関係ないのです。

Q15 どうしたら税務調査が入りにくい会社になれる？

納税者にとっては、税務調査に入られる頻度は少ないほうがいいに決まっています。そのためのコツってありますか？

A

①変な「お土産」を渡さないこと(第1章Q9＝26～27ページ参照)。②帳簿書類等、必要書類をきちんと残していること。③意図的に税金をごまかしていないこと。

税務調査が来たときに、調査官がこの3点を確認した事業所には、その後調査が行われにくくなるといえるでしょう。

ある会社では、最初のうち3年毎くらいに税務調査に入られていたのに、あるときからぱたっと入られなくなったそうです。調査しても問題が出ず、その会社の社長は調査のたびに「私たちの払った税金が無駄に使われている」「使われ方が腑に落ちない」「政治家が悪い」と調査官に話すのを楽しみにしていた人で、いつもそういったことをまくしたてていたといいます。調査官も人の子ですから、そういった話を聞かされるのが苦痛で、調査対象に選ばなくなったのではないでしょうか。そんな事例もあることも、やんわりと頭に入れておきましょう。

Q16
税務調査は申告期限前にもできる?

知人の会社には、申告期限前に税務調査が来たと聞きました。税務調査は、申告期限前にも行うことができるのですか?

A

課税当局は、事前調査(進行年度の帳簿書類等について調査すること)について「申告納税制度の下における更正・決定……は申告期限をまって行わなければならないが、その結論を導きだすための証拠資料の収集、証拠資料の評価あるいは要件事実を認定するための調査は、常に申告期限後に行わなければならないというい われはない」との見解を有しています。しかし、法人税法第１５３条は「法人税に関する調査について必要があるときは」と規定しているだけで、特に行使の時期については明記していません。

法人税や所得税、消費税明記は、申告納税制度が採用されています。

繰り返しますが、申告納税制度というのは、納税者自らが法律に基づいて課税対象となる所得や税金を計算し、これらを記載した納税申告書（期限内申告書、期限後申告書、修正申告書）を税務署に提出することによって、税額を確定させる方式です。つまり国民（納税者）は「自分の税金を自分で決める権利」を持っているのであり、税務署等の課税処分は第2次的、補充的なものにすぎません。

したがって納税者が納税申告書を提出する前に税務調査をすることは、原則として認められません（例外的に、「予定納税額の減額承認申請書」や「青色申告の承認申請書」の提出があった場合等については、法律によって法定申告期限前の調査が予定されていますが、実際にはほとんどありません）。

納税者の申告が相当でない場合や申告すべき納税者が申告しなかった場合に「調査」によって、更正とか決定といわれる課税処分が行われますが、この場合の「調査」は、当然ながら法定申告期限前に行うことはできないものです。したがって、通常の税務調査においては、申告書の提出期限後でなければ、調査はできません。申告書が提出される前に、将来提出されることになる申告書の内容が正しいものであるかどうか、それを事前に確認しておくという調査は許さないと私たちは考えます。

Q17 税理士への「委任状」の意味は?

税務については以前から税理士さんにお願いしていますが、毎年税務署に申告書を提出するときに、委任状をあわせて提出するといわれます。委任状にはどのような意味があるのですか。

A 税理士への委任状(「税務代理権限証書」といいます)を提出しておけば、税務署は税務調査を行う場合に、納税者とあわせて税理士に調査の日時、場所を通知しなければなりません。

事業を営む経営者で、税務について税理士に依頼している方も多いでしょう。税理士は税理士法の定めにより納税者の信頼に応え、納税義務の適正な実現を図ることを使命としています。そして、税理士は納税者の求めに応じて、①税務代理、②税務書類の作成、③税務相談を行います。

また、付随業務として会計業務を行います。税理士は税務署に対する申告、申請、請求、不服申立て、調査立会を行う場合、または税務書類の作成をする場合には、納税者から委任を受け、税理士法第30条に基づく委任状を提出します。

税務署は税務調査を行う場合に、納税者に日時・場所を通知して帳簿書類を調査する場合においては、委任状を提出している税理士がいるときは、あわせてその税理士に対し調査の日時・場所を通知しなければならないと、税理士法第34条で定めています。

みなさんが税理士を頼んでいるのは、税金の計算や税務書類の作成をやってもらい、税務相談にのってもらうと共に、税務調査の時に力になってもらうためでしょう。そのためには、税務調査のときには必ず立ち会ってもらわなければなりません。したがって、税理士には税理士法第30条の委任状を必ず提出してもらってください。

なお、委任状は次のような形式のものです。

受付印

年　月　日

※整理番号	

税務署長殿

税務代理権限証書

税理士法人	名称	税理士法人 大阪総合会計事務所
	社員税理士（登録番号）	清家　裕（○○○○○）　楠　薫（○○○○○） 橋本　憲治（○○○○○）　竹内　克謹（○○○○○）
	事務所の所在地	〒541－0048 大阪市中央区瓦町３丁目３番７号 電話 06 － 6202 － 9251
	所属税理士会等	近畿税理士会　東支部　　登録番号　第 ○○○ 号

上記の税理士法人を代理人と定め、下記の事項について、税理士法第２条第１項第１号に規定する税務代理を委任します。

平成　年　月　日

依頼者	氏名又は名称	㊞
	住所又は事務所の所在地	電話

1　税務代理の対象に関する事項

税目	法人税	消費税	（　　）税
年分等	平成　年分（年度）	平成　年分（年度）	平成　年分（年度）
	自 平成　年　月　日 至 平成　年　月　日 （　　）	自 平成　年　月　日 至 平成　年　月　日 （　　）	自 平成　年　月　日 至 平成　年　月　日 （　　）

2　その他の事項

※事務処理欄	部門		業種			他部門等回付	．　．　（　　）部門

Q18

「納税者権利憲章」って何？

先日、車のラジオから「皆さんは、納税者権利憲章という、言葉をご存じですか」というCMが流れてきました。最近たまに耳にするのですが、納税者権利憲章って何ですか。

A

そのラジオCMに耳がとまったのはうれしいですね。納税者権利憲章とは、納税者の権利（人権や財産権）を守る宣言文のことです。現在、ほとんどの先進国で納税者権利憲章ないし納税者権利保護法が制定され、先進国で制定されていないのは日本だけです。

今から18年前、京都で任意調査にかかわらず、「これ（調査官の身分証明書）があれば何でもできるんだ」と言って、突然8人の調査官がやってきて無法の限りを尽くした違法な調査が行われました。いわゆる北村人権侵害事件です。

北村事件は任意調査でありながら、北村さんが経営する衣料品店2店に調査官8人が

正誤表

・165 ページ・12 行目（1 字目～）

（誤）納税者権利憲章

（正）納税者権利憲章など

・165 ページ・14 行目

（誤）日弁連、日税連、日本経団連等

（正）上記、削除

・165 ページ・14 行目

（誤）２００３年

（正）２００５年

突然やってきて、家族、従業員が「本人は留守なので、別の日に調査を」と求めたにもかかわらず、北村さんの留守中に、レジの現金を調べたり、2階の寝室まで入り調査を行ったものです。北村さんは国（税務署）を相手に人権侵害の国家賠償訴訟を起こし、京都地裁、大阪高裁で勝訴し、国は賠償金を北村さんらに支払う結果となりました。

さらに北村さんは、税務署長が行った「青色申告承認取消処分」に対し、その処分の取消しを求めて裁判に訴えました。結果、京都地裁は違法な調査に対し、納税者が謝罪を求めること、第三者の立会いを求めること、調査の様子を撮影、録音することの正当性を認め、処分取消しの判決を下したのです。そして、推計による所得税の「更正処分」も取消され、北村さんは、課税当局を相手にした8年間の闘いに全面勝利したのです。

このような違法、無法な税務調査が他でも行われています。アメリカ、ドイツ、フランス、イギリス、韓国、カナダ、スペインではこのような調査が行われないために、すでに納税者権利憲章が定められています。日本でもTCフォーラム（納税者権利憲章をつくる会＝全国青年税理士連盟、全建総連、全国商工団体連合会、税経新人会全国協議会、全国保険医団体連合会、日弁連、日税連、日本経団連等が参加）が2001年、2003年、2008年の3回にわたり、衆参両院議長あてに100万人請願署名を集めるなど納税者権利憲章の制定運動を進めています。２００２年には、「国税通則法一部改正案」が国会に提出されました（廃案となりましたが）。

民主党は２００９年の衆議院選挙のマニフェストに、納税者権利憲章の制定を明記しています。一日も早い制定が待ち望まれています。

元調査官に聞く
税務署裏話

法人税 編

【元調査官プロフィール】

荒井▼昭和40年代に普通科生で採用、大阪国税局管内で法人税調査や源泉所得税説明会などに従事。上席で退官後、税理士に。

井口▼昭和40年代に普通科生で採用、大阪国税局管内で法人税調査などに従事。特別国税調査官で退官後、税理士に。

◆粗選定で「連年調査」をはずす

清家　税務署にいらっしゃった立場から、法人税調査に関する、調査官の本音のお話を順次聞かせていただきたいと思います。我々税理士は法人クライアントから頼まれて、決算・申告をして申告書を出します。その申告書を、税務署の人たちはどのようにして目にし、どのようなポイントで見ているのか。そのあたりからお話しいただけますか？

荒井　まず、「選定」については、「粗選定」ということで形式要件ですね。形式要件で納税者との一番のトラブルは「連年調査（毎年あるいは隔年で行われる調査）」です。粗選定の基本は、「去年来たのに、またうちに来るのか？　たくさん会社があるのに、なぜうちにばかり？」ということを避けるために、年度当初に事務計画を立てる時、粗選定の段階でいったん連年調査を排除します。

清家　税務調査は7月から翌年の6月まで続きますけど。

荒井　その間に、「年度当初事務計画」というのがあるんですよ。その事務計画に基づいて、まず、全部の事案をいったん調査の俎上に載せるわけです。この中には「ここは行かないでおこうかな」「ここは申告内容によって行くか行かないか決めようかな」「ここは欠損も売上も小さいから止めておこうかな」というのがあり、そういう粗選定の作業をします。今はルール上、ＫＳＫ（国税総合管理）システムが入っていて、コンピュータがオンラインで申告書をデータ処理化する作業をしています。

清家　計画は誰が立てるのですか？

荒井　各担当です。

清家　いわゆる法人部門でしたら？

荒井　一部門、二部門。

清家　その部門、部門で立てるということは、統括官（調査官の属する部門の長）が中心となっているわけですか？

荒井　表向きは、そうですが……。

◆"トレード"されてきた「輸入統括官」は選定できない

清家　表向き、とおっしゃいますと？

荒井「輸入統括官」という署内隠語があります。「トレードされてきた統括官」のことで、たとえば徴収部門にいて滞納処分ばかりやっていて、ポストにつかんがために法人税の統括官になって来た人たちです。「僕は選定なんてできないよ。申告書の見方も分からないんだから」というわけです。

井口　貸借対照表を見ても分からない、損益計算書を見ても分からないんですから、事務計画を立てられないでしょう？

清家　そんな人が上司のポストに座ったら、部下は大変じゃないですか？

荒井　大変です（笑）。

井口　ところが、税務署というのはよくできています。輸入統括官が、「右を見ても左を見ても分からない」というと、有能な上席調査官をつけてくれるのです。管理職手当をもらう輸入統括官は仕事をせず、管理職手当のない上席調査官が必死になって仕事をするんです。

荒井　調査官たちは、「俺らがいるから、お前が管理職手当をもらえる。みんなで飲むから管理職手当をよこせ」と暗黙の声をあげるんですね。私が現職の時は、月1回、本当に飲み会をやり、輸入統括官におごってもらっていました。

井口　私も、長年の調査経験のなかで、そういう「輸入統括官」に出くわしたことがあります。申告書を読めない。最後は統括官も含めて決着をつけますが、実際は担当者のほうがずっと詳しくて、采配もするんですね。

◆調査に出向かず、「調査に行った」ことにする

清家　7月の年度始めに、年間分の調査対象の会社が分かりますか?

荒井　倒産会社がでたり新設法人ができない限り、担当部門は何件、何%処理というのが分かっています。私たちは手慣れてくると、行かないと決めたらさっさと「書面審理」をし、調査に行かないで終わらせてしまうんです。「調査省略」と呼ぶ、省略処理です。その中で引当金が間違っているとか、賞与が出ているのに役員賞与が申告書の「別表4」に加算されていないというような「形式基準」の間違いについては納税者に電話をかけ、「修正を出したことにしておきますね」

と言う。これを「実況調査」といいます。

清家　つまり、実際には行かないのに、行ったことにして、１件にカウントするということですね？

井口　そうです。行ってどんなに調査をしても、何も出てこないというところもあるでしょう？しかし、問題が絶対にあるところに書面審理と電話で済ませたら、１件の調査で絶対に１件の増差所得を取れる。１００％になりますからね。

荒井　事務計画というのは調査をこうするという計画です。年度末になると事務計画は達成した報告になります。計画を立てた当初は何件担当して何件調査に行くという「実調割合」だったが、実際はどうだったか。対前年比、計画比80％以上１０５％以下にしておかなければならないんです。１２０％も１３０％もいったら、翌年の「対前年比」の比率が上がって、次の担当者が大変になってかわいそうだから。

　人事異動が７月10日ですから、６月30日までに決済が終わらなければいけないのに、微妙に引き延ばして「延期事案」にする。これを「お土産」というんです。次の担当者にお土産を残しておいてあげようと。

清家　この事業年度では調査は終わっているのに、翌期に持っていくということですか？

井口　そうです。６月30日に修正申告書は出来上がっているのに、７月３日か４日に、署長に「(修正申告書に）印鑑《はん》をもらいました」と言って持っていく。

荒井　署長も異動前に処理しておく。新しい署長が一から始めるといったら、「今までの日数はなんだった」となるでしょう？

清家　次の事業年度になるから、7月になってから印鑑を押してお土産という形で次の事業年度に持ち越しをするんですね？　何件くらいですか。

荒井　30件あれば2件。そんなふうにして残しておくから、翌年は実質28件でいいんです。しかし、今年度2件繰越になったとしたら、翌年度には2件繰越を残していくのが、暗黙の協定です。

清家　今の話だったら、申告書を見ただけでチェックポイントが分かるということですね。しかも電話で済ましておいて、調査したと処理して1件にする。とすると、電話で済ませたところへも、あと3年は行かないということになるんですか？

荒井　管理上は調査したと記録が残りますから。先ほど、「調査省略」という言葉に対して「実地調査」があるといいました。実地調査には浅い、深いという深度があり、浅い調査であっても件数は件数になります。

清家　電話で済んだ調査も1件だとしても、納税者にとっては調査を受けたという感じはしないですね。

荒井　だから納税者が「これで手を打ったらどうなるんですか？」と聞いたら、税理士が間に立って「これで手を打ったら3年来ないんだから、いいじゃないか」と、だいたい手打ちしますね。

◆KSKシステムに現れる「星」一つ500万円

清家　ところで、さきほど話に出た連年調査ですが、毎年とか2年ぐらいの間隔で行くのが連年というんですよね？

荒井　そうです。

清家　3年ぐらい後に、次の調査が入るのが普通ですか？

荒井　そうです。2年で調査に入るのは「高額重点」で、その年度の調査の方針や、他にこれといった案件がなかったら、調査に行かざるを得ないんです。

井口　そこそこの規模があってね。

荒井　売上50億円の会社を何軒か行けと。「去年行っているが、案件がないので行かせてもらおうか」というのもあり得ます。

清家　申告書を見ただけで間違っているとか、いろいろな資料を見るとどうもこれは調査に行こうかという、目的があって調査に来るのもありますが、件数を確保したいがために、とりたてて行かなくてもいいのに行くこともあるということなんですね？

井口　もっとひどいのもありますよ。件数を全部入れてKSKシステムで分析すると、星（＊）一つの表示が出てくるんですよ。「これはおかしいぞ」という金額が、「星一つ＝500万円」というんですけれど。星が1ついていたら「500万円おかしい」、2ついていたら「1000万円おかしい」というのが瞬時に出てくるんです。一番大きいのは、売上高に対する受取勘定の比率がおかしい、原価に対する支払勘定の比率がおかしいといった貸借対照表との損益計算書のバランスがとれていないものですね。

◆調査先の決め手は「星」と「未接触」と「勘ピュータ」

荒井　星がたくさんついてくる例は、粉飾です。

井口　たとえば売掛金が1億円で、現預金が100万円しかないというのはあり得ない。売掛が1億円あれば、現預金は少なくても1000万円はあるだろうと考えます。するとKSKに星が2つつくわけですね。

清家　売掛勘定が大きすぎるので、何か粉飾があるんじゃないだろうか？　ということを星が示しているということですね。ミシュランだったらいいけれど（笑）。

荒井　ミシュラン以上ですよ（笑）。3つ星とかじゃなくて7つくらい星がついているケースもありますす。ベテランになると、それを見ただけで「これは粉飾だから止めておこう」となるんですが、トレード要員で来た輸入統括官には、自分の判断基準がないから、ＫＳＫのデータを鵜呑みにして、星の多い分から順番に調査しようとする人がいるから困る。星だけでなく、長期未接触かどうかなど、さまざまな感触を考え合わさなければならないのに。私たちは「これは粉飾ですから行けません」と言うんですが、若い職員やトレードで来た職員の中にはそのまま調査に行く者もいます。

清家　あれ？　職員にもトレードがあるんですか？　他の課から来るということですか？

荒井　「本籍」という言い方をするんですが、国税局にしろ税務署にしろ、入ったら「あなたは法人税課所属職員。所得税課所属職員」という本籍ができるんです。その本籍を移動するのを「交流職員」といいます。

　交流職員にいろんな部署を経験させて、将来の幹部にしようということですが、本来つかなければならないポストがないときには、「輸出入」されるわけです。

清家　なるほど。話を戻しますが、ＫＳＫが「長期未接触」と示すのは、具体的に何年ぐらい調査が行われていないところですか？

井口　７年以上です。時効が７年ですから、「調査に行け」となる。

荒井　行きたくないけど行かざるを得ない（笑）。

井口　長期未接触なのには理由があります。何も問題点が出てこない会社に行ってもしょうがないということまで、コンピュータは分かっていません（笑）。

清家　そうすると、調査対象の決定のポイントは「星」と「未接触」ということですね。それ以外にもありますか？

井口　あとは、〝勘ピュータ〟かなぁ（笑）。ほかに資料も。資料はいろいろ回ってきますよ。

荒井　資料せんや過去の調査経歴。過去に不正が続いていたら、「今回だけ不正がないなんてことはないだろう」と理解します。循環接触の3年周期だったら、行ったときに「最初の調査が『売上を中心に調べる』で、その次が仕入だったから、今度は外注費で……」というように、これは外したらいけないという科目が、我々には分かります。

◆1回の重加事案で、「不正をした会社」とレッテル付け

清家　調査で不正が出た。修正もした。という会社に、「3年経つと、また不正をやっているんじゃないか？」と次の調査に行く。すると、また不正をやっていた。で、また3年経ったらまた行く……という形になるわけですか？

荒井　そうです。納税者は、安易な重加算税には応じたらいけないということです。

清家　特に重加算税ですか？

荒井　重加算税がかかる事案でも、欠損金が残っているから、かからないということがありますね。「税金がかからないように整理していいですか？」と聞かれても、安易に「はい」と言ったらいけないです。履歴上は不正をした会社だというふうに、ＫＳＫの履歴に残りますから。

清家　その話、もう少し教えてください。調査に来られて５００万円所得が出たとしても、繰越欠損金があるから税金が出ない場合がありますよね。それでもこの５００万円が不正となると重加算税はかからないとしても、重加事案になるんですか？

　重加事案は、我々にはよく理解できないんです。調査に来て、「これで終わります」となり、このケースのように、「税金は出ない。重加はでない」というとき、「けれども、重加事案として扱います」と、きちんと納税者に伝えているんですか？

井口　「伝えなさい」と指導していますが、実際は、調査官が「言ったつもり」なだけのときが多いようですね。

荒井　「こういう経費があって、この10万円は親族の結婚祝いだけど、従業員だったら２万円でしょ？　自分の息子だけ多いですよ。認定賞与じゃないのですか？」と〝言いがかり〟をつけておいて、「これも目をつぶっておいてやる。その代わりこっちは不正でしょう？　ね、先生」と言う。すると「税歴票」というのが付いて、不正発見事案になってＫＳＫ上に、「この会社は不正をした会社」と記録されます。

清家 そうなると、3年に1回調査に来るということになるんですね。「不正をした」ことにより重加算税がかかると、重加事案になることは分かりますが、重加算税がかからないのに知らない間に重加事案にされているケースもあるということですか？

荒井 そうです。

清家 税額が出なくても、過少申告事案なのか、重加事案なのかを確認をしておかないといけないということですね。初めて知りました。

◆税理士もマークされている

荒井 「循環接触」で行くときは、「前回調査がひっかかったところは必ず行けよ」と言います。「積み残し」という言い方をしますが、調査途中まで悪いことをしていたと想定するんですね。

事業年度が終わって2カ月後に申告書の提出となり、調査はさらにその後からするわけです。すると翌事業年度開始から調査に入るまでの期間も、同じことをしているはずだと想定してチェックをするわけです。

清家 重加事案になるかならないかは、納税者にとっても税務署にとっても非常に大きなことですね。

荒井　「税理士関与状況票」をご存じだと思いますが、あの入力のデータフォームのなかに不正があったとします。その不正は税理士が関与の度合いによって知っていたか、防げたかをチェックする欄があるんですよ。たいてい「税理士は知らなかった」「相当の注意を払っても防げなかった」と、かばっておきますけどね。

清家　税理士も税務署にマークされているということですね？

荒井　そうです。ペケの多い顧問先をたくさん持っている税理士にはマークがついています。

清家　とすると、マークがついた税理士が関与している会社は要注意だから、「調査に行けよ」となり、調査に行く頻度が高くなるのですね？

井口　そういうことです。私も、マークのついた税理士の関与先に調査に行ったことが、何度もあります。どの関与先にも、必ず決算期末に修正伝票のややこしいものが入っている、という税理士もいました。

荒井　会社の意図とは違うわけです。納税者に「先生なんとかできませんか？」と言われるので、税理士が考えて、よからぬことをやっているわけです。「バレたらしょうがないですよ」とか言いながら。

清家　ひどいですね。納税者に手の内を説明しないで、税理士が不正をやっているわけですね。

荒井　これが、納税者が税理士を変えられない理由です。「あの先生に世話になっているから」と、お互いが暗黙のなかにあるのです。

清家　「税理士を変えたら何か仕返しがあるんですか？」とよく聞かれるのですが、その背景が分かりました。税理士によって調整する項目に癖があって、同じようなパターンで調整しているとは思っていましたが、ずいぶんな税理士がいるんですね。

井口　たとえば、1社を「在庫」で調整した税理士は、他でも在庫で調整しています。特に利益が出たときにやっています。利益が出ないときは悩まないで済みますが、利益が出たときは税金を払いたくないので悩まなければいけない。

税務署では、そういったことをコンピュータに入力して、体系的に税理士の傾向を分析しているわけです。

清家　びっくりです。

◆「架空では？」と疑ってかかる「特損特益」

清家　ところで、調査官は1年間に何件ほどの調査を担当するんですか？

井口　年間に28件とか30件とかですね。

清家　もう一度お聞きしますが、選定対象になる、ならないのポイントと言うと？

荒井　今まで申し上げたのは、「形式基準」です。個別基準はトクソントクエキという……。

清家　トクソントクエキ？　具体的に教えてください。

荒井　「特損特益」のことです。「特別利益(トクエキ)」「特別損失(トクソン)」が頻繁に出てくると、「架空ではないか？」と疑ってかかります。特益が入ってくると「もっとあったんじゃないのか？」という考え方で「必ず真実を見に行こう」となりますね。

清家　そうしたら、特別利益(トクエキ)、特別損失(トクソン)のところに結構な金額が出てくると、「やっぱりこれは調査に行こうか」となるのですね？

荒井　たとえば、前期損益修正のような、普段は出てこないものが、特損特益で出てくる。「資産を売却して儲かった」とか「貸し倒れが起こった」とか……。「本当ですか？」と確認したいわけですから。

井口　時々あったのは、貸倒れで償却した債権の回収をしておきながら、益にあげていないケースですね。

清家　そういえば、数年前の販売会社の調査を思い出します。その会社は営業マンが何人かいてかなり手広くやっていました。そこが、内容証明で債権放棄を出してかなりの貸付を「貸倒れ」で落としていたんですよ。

その会社に、調査官2人が来ました。かなり時間をかけて、貸倒れを根掘り葉掘り調べましたね。いったん会社で損に落としたけれども、その後お金が入って来ていないかどうかを、綿密に調べましたね。

荒井 そういうときは、調査官は必ず「個人口座の通帳を見せてください」と言います。税理士や納税者に「会社に関係あるんですか?」と聞かれても、「いや、これはぜひ見たいんですよ」と説得して、個人の通帳を回収します。

清家 毎回、貸倒れ損失がどんどん出てくるような決算書を出していました。

荒井 売上であろうが人件費であろうが、一つの勘定科目が突出する。対前年比で突出した科目があると、調査対象になりますね。

清家 その販売会社への調査は、そのとき、対前年比で売上が伸びているのに粗利率が落ちたと言って、抜き打ちで来ましたよ。

◆非効率な「抜き打ち調査」はしたくない

清家 事前通知していくというケースの他に、たまに、抜き打ちで行われるケースがありますよね。どういった判断基準なんですか?

井口　一般調査部門では、今はほとんど事前通知しています。それは、「抜き打ちでいくと納税者にも税理士にも迷惑がかかるから、やめておきましょう」というように心を改めて通知するようになったわけではないんです（笑）。

たとえば年間28件の調査をするとしましょう。1カ月の間に調査に従事できる日数は17日しかないんですよね。17、18日でそれを2〜3人で組んで一件抜き打ちで調査に行くと、「社長はいません、奥さんもいません」。「いつ帰ってきますか?」「出張ですから3日ほど帰って来ません」。税理士に電話したら「私も手が離せません」。こういうことになると、あっという間に3日間が無駄になるわけです。1件に2〜3日間とっていますから9日間が無駄になる。

清家　効率が悪いから、やめようということなんですね?

井口　まあ、そうです。現金商売以外のものについては、なるべく事前通知をして行きましょうと。これは一般調査部門の話ですよ。特別調査班という、事前通知なしで調査に行くところは別ですから。

清家　今でもその特別調査班というのはあるんですか?

井口　はい。法人課税第二部門のなかに特別調査班があります。

清家　税務署の規模等によって違うんですよね。選定のときに、特調が調査に行くのと、特調以外が調査に行くのとはどう分けていますか?

井口　年度当初の「選定会議」というので分けています。副署長以下、各統括官が集まって「特別調査班の管理する法人は、これこれにしようじゃないか」と決めるわけです。「署長ここいかがでしょう?」と言うと、署長が「いいでしょう」と言う具合に。

井口　担当部門というのはもとからあるんですよ。三部門、四部門、五部門が所管している法人があるのですが、ちょっと〝おいしそう〟な案件を、第二部門の特別調査班が、自分のところの調査事案にするために持っていくんです。

◆「重要資料せん」はリョーチョーに取られる

荒井　先取りするセクションが3つあるんです。今言っている第二部門の特別調査班、その他に国税局の資料調査課、査察と3つのセクションが先取りしていきます。

清家　そうすると、査察部、リョーチョー（資料調査課）も先取りして行くんですか?

井口　来て、黙って一所懸命見ています。

荒井　倉庫に入って、資料収集のおいしい資料、臭い資料といったらなんですが、その臭い資料は、こっちに来ないで査察やリョーチョーに先に行くわけです。

清家　つまり、そういうのは、荒井さんたちが目にすることなく、行ってしまうんですか?

荒井　そうです。

井口　「重要資料せん」というのがあってリョーチョー、機械で入力しているんです。それを一方的に特別調査班や資料調査課(リョーチョー)、査察部門なんかが先に見て、いいものがあったら取っていってしまう。

荒井　権力があるんですね。我々は「早く下ろしてくれ」と頼むんですが、彼らはとりあえず取っておく癖がついていますね。

清家　取りあえず確保だけしておいて、手はつけない?

荒井　リョーチョーも調査に失敗するじゃないですか。失敗したら次のネタがいる。当初計画がギリギリだったら、失敗したら次がないわけでしょう?

◆実調割合は「金太郎飴」

清家　そう聞いていると、当初の計画である程度件数を確保しなければいけないから、「数のために、一応ここも確保しておこう」というのもあるのだということですね。「本当に行かなければいけない」というところももちろんあるんでしょうが。

井口　〝保険〟をかけておくわけです。事務計画自体がどこの税務署も大体同じ大きさなので、どこでも割合は似たようなものです。たとえば売上がこのくらいなら、実調割合（調査をする割合）が１５％とか、このくらいのところは５％とか。どこを切ってもだいたい似たような計画です。
　同じような計画でないと、国税局から「君のところだけ、どうしてこんなに悪いんだね？」と言われるので、お互いの様子を見ながら同じようにしようかと。どこを切ってもみな同じなので、我々は〝金太郎飴〟と言っていました。

清家　昨今、不況で赤字の会社が多いでしょう？　ある意味では、行っても仕方のない会社が増えていませんか？

井口　そうですね。

清家　件数を確保するのに困るんじゃないんですか？

井口　だからつまらないところに行くし、つまらない否認もするんです。

荒井　重箱の隅を細かくつついて……。

清家　どうでもいいような、指導で終わらせておいてもいいようなものを。

井口　たとえば１人５０００円以内の飲食であれば交際費として課税されないというけれども、たまには５０００円を超えるときもある。税込でいったら５０００円を超えるけど、税を抜いたら５０００円にならない。「お宅の会社は税込み経理ですから、これは交際費に入れてください」とかね。

井口　それを「修正申告してください」と求めるケースだな。加算税がかからないようなものまで……。

荒井　それはさっき言った形式基準です。コンピュータが自動選別した。

清家　最近、そんなところ別に行かなくてもいい、というところまで行くようになってきているような気がします。

荒井　そうそう。

井口　新聞代を会社の経費にしているとか、ＮＨＫの受信料を会社の経費にしているとか。「これはけしからん」と言って、源泉徴収した上で認定賞与だと言って、わざわざやるわけです。

清家　社長の自宅でのテレビや新聞を、会社の経費に入れているから認定賞与。源泉にしようというのですね。

井口　「赤字でお金返しますから、貸付金にしてください」と言われたら、税金は全然かからないじゃないですか。認定賞与にしたら源泉所得税がかかる。「２００円の収入印紙が貼っていない。実にけしからん」とか言って（笑）、つまらないことばかり……。

今は法人税だけじゃなくて、源泉所得税でおかしいとか、印紙税がおかしいとか、消費税がおかしいとか、「総合的な判断をしなさい」となっています。

◆「満塁ホームラン」VS「ネズミを捕らない猫」

荒井　僕らの時代は「満塁ホームラン」と言っていたんです。法人税があって、消費税があって、源泉所得税があって、印紙税がある。身分証明書に書いてある全税目を同時に取ったら、満塁ホームランだと。

井口　今の若い子は言いませんけどね。

荒井　僕らのときは、印紙税は印紙担当の別部門の印紙専担官があったのに、それを法人の調査官が取り込んだ。

清家　調査に行ったら何か持って帰らないと、やっぱり終わらせにくいですか？

荒井　「ネズミを捕らない猫は猫と違う」という。取れなかったということは、表面的な見方しかしていないと言われます。

井口　選定が悪かったか、調査官の力量がなかったか、相手が本当に正しかったか。そのうちのどれかだろうと（笑）。

◆「困ったときは、○○先生の関与先を狙おう」

清家　私たちは、適正な決算、適正な申告、適正な納税をスタンスとして、納税者と付き合っています。我々が気づいたところは当然話して、説得して自省を促します。ところが、我々がまったく知らないところで、調査になって初めて「こんなことをしてたのか」というのが出てくるときもあります。これは仕方ないと思います。

　真面目な納税者も、真面目な税理士も多いと思うんですが、実のところはそうではないのですか？

荒井　ないです。脇が甘い税理士が山ほどいて、「困ったときには○○先生を狙おう」と我々は言います。口伝えで。「あの先生のところに行ったら何か問題点が出るから」というのがありますね。

井口　消費税が入ったころは、「あの先生が関与している会社は必ず消費税を間違えているから行け」と。面白かったですよ。その先生の関与先の会社に1年間で15件ほど行きましたが、みんな間違えている。「車を下取りに出すところがあったら、全部行け」とも言っていましたね。車を下取りに出したら、下取り価格が課税売上になるじゃないですか。「あの先生、絶対間違えているから調査に行け」と。

清家　脇が甘く、必ず何か間違いが出ると、そういう評判になっている税理士もいるわけなのですね？

荒井　いるいる。逆に、行っても何も出ないという税理士もいます。

清家「問題点が何も出そうにないという税理士のところには行くな」という話もあるんですか？

荒井「行くな」じゃなくて、年度末の結果報告で構成割合、申告是認割合が出るので、「30件行ったのに10件出なかった」となれば大変です。

井口　申告書を見ておかしいところに調査に行くのだから、「選んだところがおかしくなかったら、おかしいじゃないか」という理屈です。税務署側が怪しいヤツを追っかけていって、それが怪しくなかったら、どうするんだ、と。

清家　それがまたマスコミで発表されて、行ったところほとんどが脱税があったような報道がされてしまい、納税者がみんな悪いようなイメージに伝わりかねません。マスコミも、きちんと正しいコメントをつけて報道してくれないと。

◆〝つまらないこと〟で重加算税を取るケース

井口　最近は、つまらないことで重加算税をとるケースが増えてきていますね。

荒井　重加算税の通達が公開されましたからね。あれをきちんと抑えておればいいのですが、勉強していない税理士が多いんです。

清家　税務署が「重加をかけます」と言ったら、「分かりました」と言ってすんなりと引き下がっている税理士も結構多いんですか？

荒井　多いです。逆に、「先生、これ一つまけておきましょうか？」と言ったら喜び、納税者に「私がまけてもらったんですよ」と恩を着せる。

清家　自分の手柄にするんですね。一方では重加を取られて。重加を取られても税額としては安くなるから、税理士の手柄になっているのです。しかし重加を取られていると、3年経つとまた調査が入る。

荒井　会社の情報に関しては、税務に関して不正をしている業者として登録されるわけですからね。

◆「質問顛末書」は「自白調書」のようなもの

清家　**井口**さんから見て、重加事案でないのに重加を取っていることが散見できることもあるんですか？

井口　今、できるだけそのようなことがないように、審理の専門官がいて、そこを通るようになりました。ところが審理専門官が本当にアカデミックに審理するだけだったらいいのですが、若い人が審理専門官になると「こういう風に書かせたら重加算税が取れる」というような「確認書」を納税者に書かせたりしていたんですね。

平たくいうと、確認書は「自白調書」ですね。「書かせたら重加算税が取れる」ので、「悪いことをしていました」と納税者に書かせるわけです。

荒井　今は、「質問顛末書」というのを書かせられる。

清家　それは「確認書」のことですか？

荒井　確認書は確認書で別に昔は取っていましたが、今は、質問顛末書ですね。「間違いがなかったらサインしろ」と、納税者に印鑑を押させる。

井口　そうそう。「以上のとおり、質問の顛末を記して、本人に読み聞かせたところ、異議なき旨を申し立てたので、記名捺印を徴した」とやります。

清家　警察の事情聴取と一緒ですね。

荒井　その時に調査官が「悪いと思っていただろう？」と聞き、「悪いと思っていました」と認めると、「これで重加だな」となる。誘導尋問ですね。

井口　だから、納税者は迂闊に質問顛末書なんか書いちゃダメということですよ。

清家　任意調査の場合、そんなものにサインする義務はないことを広く伝えないといけませんね。

◆誤提出したら「返してください」と言うべし

清家　話が変わりますが、「確認書を取られてしまっているケースが増えている」と聞きました。出してしまうと、もうあとの祭りですか？

井口　確認書、質問顛末書を提出してしまったときは、「間違って出したので、返してください」と言わなきゃいけないですね。

清家　返してくれと言えば、税務署は返してくれるんですか？　コピーを取っているんじゃないですか？

荒井　コピーは効果がないんです。やっぱり原本。

井口　「間違って出したものなので返してください」と納税者が言わなければ。

荒井　受付印を押してないはずです。公文書ですが公文書になっていなくて微妙なはずですから。

清家　任意で出したものだから、税務署は「返してくれ」と言われたら返さなければいけないんですね。

井口　もし「返さない」と税務署が言うのであれば、今度は「何月何日に出したものは間違ったことを書いておりました」と書いて、再度持って行ったらいいんです。

清家　なるほど。これもいい話ですね。我々税理士のところにも駆け込んで来るケースがあるんですよ。過去に何件かあって調査だけ立ち会って処理しました。そのまま顧問先になったケースもあったし、顧問先にならずじまいのケースもあった。

そういうように駆け込んで来るところに、返してもらうと言えばいいし、「返せない」と言われたら、「『間違ったものを出しました』ともう1枚出しましょう」と。いい話を聞いた。

井口　税務署は「受け取れない」と、なんだかんだと言いますけどね。税務調査では、「納税者が気づかなくて間違ったのだな」と思えるケースもないことはないんです。「計算を間違っていました」というのもあるし、逆に、たくさん申告し過ぎているというのもあります。意識してやるのではなくて誤って多く払っているというケースですね。

◆「払い過ぎ」を見つけても、税務署は返金しない

清家　今の話で私も思い出したんですが、税理士がついていない個人開業医のところに調査が入った。調査官が来て2日間ほど調査したらしいんです。何か追徴されることになるのかと思っていたら、逆で、調査官が「先生、これは間違って税金払い過ぎていますよ。この調査はこれで終わりますので」と言って、税金をたくさん納め過ぎているという問題点だけを指摘して、帰ってしまったらしいんです。それで終わり。

その開業医が、「ちょっと先生、相談に乗ってほしい」と私のところに来た。「この間調査に来た調査官が、税金払い過ぎているからこれで調査終わると言って帰ってしまいました。これは何とかなるんですか？」と聞かれました。一応聞いてみたら、これは本当に税金を払い過ぎだったので、払い過ぎた税金を取り戻すためにこちら側から税務署あてに更正の請求をして、税金の取り戻しをしたことがありました。

井口　1年分しか取り戻しできないでしょう？

清家　嘆願書をつけたら、このケースは戻ってきました。「税務署は取るだけか」と。「返すこと」もしてくださいよと思いますね。

井口　そういうケースは、税務署では「調査がなかった」ことにしているんです。

荒井　嘆願書が効いたというのは、調査官本人を問い詰めたら、「実は調査に行ったが、行ってなかったことにしていました」と言ったから、職権で「嘆願書でも還付しろ」ということになったと思うんです。更正の請求だったら1年間だけですから。

清家　やっぱりそうですか。結局、調査官は返さなければいけないとなると、放っておくのですね。

井口　返すために調査に行っているのとは違いますから。

清家　よく「指導のために調査に行く」と言うじゃないですか？

荒井　指導という名の追徴に行くわけですから。

清家　ある歯医者さんで、「調査を受けて還付になるが、（手続きが面倒なので）終わりにしたいので、還付にせずにこれを払ってくれませんか？」「専従者給与を否認させてもらって源泉還付しますから、それで増差所得にさせていただいて、赤字を消させていただいていいですか？」と調査官に言われたことがありました。

「前の税理士さんがどんな基準でこんなに高い専従者給与を出したのか分からない。奥さんがたくさん取って、旦那は赤字だし……。源泉所得税で返って来るから、別の経費も否認させてもらっていいですか？　私ども4人も3日間もかけて来てるんで、お願いします」と陳情されたんです。そんなことをやっている。結局納めた税金が3期で2万7000円ぐらいでした。消費税、

9千何百円ですよ。

◆調査官に「ノルマ」が課されている

清家　納税者は、「税務署は怖いが、正しく税務調査をするところだ」と思っています。しかし、みなさんの話を聞いていると、「税務署の職員は正しいこともよく知っているけれど、ずるいこともよく知っている」と思えてなりませんね。

荒井　税務署の会議で、「うちの署全体においてこういう比率で担当を引き受けたから、各部門それぞれ頑張ってください」と言われます。すると優秀な職員は自分の立ち位置から「僕はこれだけだな」とノルマを勝手に決めるわけです。

井口　「25件の調査をしよう」と決まったら、「今はこういう世の中だから、更正割合は80％、不正発見割合は35％、源泉の割合は30％、印紙税の割合は20％を目指しましょう」というふうに。

清家　調査官が自分で目標設定し、その目標を達成するために動いているということですね。だから調査に行った先で、「これはどうかな？」というところも、ちょっと無理して調査1件の増差所得が出たら、そこに重加も、というような形にもっていってしまいがちなんですね。

荒井　調査官が「もういいかな？」と思っても、自分サイドで決着をつけてはダメ。統括官は全体の毎月の数と進捗状況を確認しますが、その課が6人体制なら、「私の役割は△パーセント。今月はここまで行っておかないと、後からしんどくなるな」となる。

清家　ノルマはないといわれますが、実際にはあるということですよね。

荒井　年度当初の計画を達成できるかどうか。達成できない特殊な要因は何か。職員が産休で休んだとか、交通事故に遭って、何日間入院したから調査従事日数が何日減ったから、4～5日の事案が3件しかできなかったと。言い訳はそれしかないですからね。

清家　納税者も税理士もしっかりしないと、税務署のノルマのために払わないでもいい税金を払ったり、かけられないでもいい重加算税をかけられたり、重加事案にされて3年ごとに調査されたり、そういうことになってしまう。

井口　納税者は、変に妥協しないことが大切でしょうね。ただし何回やっても負ける勝負というのもありますから、そんなものはあまり頑張らないことでしょうね。

◆クレームは国税庁HPに書き込みを

清家　ところで、税務調査で腑に落ちないことがあれば、どこにクレームを出したらいいですか？

荒井　最近は、国税庁のホームページに書き込む納税者が多いですね。「こんなことを調査官に言われた」「こんなことは言えるんですか？　お尋ねします」と。書かれたらこれはクレーム案件として総務省に行くんです。行政に対してのクレームなので、どう対処したか報告しなければいけなくなり、大変なんです。庁から局、局から署、総務課長が統括官を呼んで「こういうことが今回の調査であったらしいけど、こっそり聞いてくれるか？」と。

清家　名指しでクレームが入るんですか？

井口　名指しで入るし、どこどこの税務署、ということで入る場合もあります。

荒井　統括官を呼んで「こういうクレームが来ているらしいけど、どこだ？」と。「当たれ」となります。

荒井　クレーム闘争ですよ。今は、納税者からの調査手法に対するクレームが非常に多いんです。

清家　クレームを言った納税者に、何か報復措置とかがあるんですか？

荒井　ないです。「精神的打撃を受けた」ということが重要なんです。「私の無知からしたことだけれど、そのことに罵詈雑言を浴びて、精神的な打撃を受けた。屈辱この上ない」と言えばいい。それが家族がいる前だったとしたら、もう絶対です。

清家　投書やホームページへの書き込みで、是正はされていってるんですか？

井口　だんだんとね。

荒井　調査官の言葉づかいが丁寧になってきているはずです。以前は抗議は総務課長あてだったので、調査の抗議に来ても、何のことか分からないままうやむやのうちに終わってしまうことも多かったんですが、今は直球ですからね、放置しておけない。ネット社会は怖いです。

清家　そのホームページは誰でも見られるんですか？

井口　いえ。国税庁の人間だけが見られるようになっています。

荒井　国税庁に出すか、総務省が一番いいですね。

井口　クレームが来たら、3日以内に返事をしなければならないと決まっています。

清家　クレームは、本名を名乗って出さないといけないのですか？

井口　いや、名乗らなくともクレームは無視されません。メールだったら返信先があるので、必ず返事します。夜メールを出したら、朝一番に、統括官が皆を集め、「こういうクレームが来たから、すぐに調べなさい。出張するな。（職員は）署に残れ」と。動きは速いですよ。

荒井　担当に、「そのときの言葉づかいをどうやったか再現してみなさい。机叩いたか？　足ふみ鳴らしたか？」とか。威迫した、恐れおののかしたことが一番いけないですからね。

◆手を焼く「真実がない」納税者たち

清家　調査のとき、こんな納税者、税理士はちょっといけないというのはありますか？

荒井　ありますあります。真実がない納税者が大勢います。

清家　真実がない納税者とは何ですか？

荒井　たとえば「半分だけ納税しておこう」という人。税務調査に行ったら分かるじゃないですか。個人の預金口座に入れているのと会社に入れているのと。それを知っていながら、顧問契約を切られたら困るから知らんふりをしている税理士もいます。

清家　私たちはそれを知ったら納税者に対し、「これは修正してもらわないとまずい」と言います。しかし頑として「修正しない」と言われたら、「うちは手を引きますよ」と言って、手を引いたところも何件かあります。先日も1件、個人のところの契約を解除しましたけどね。

荒井　ひどいのは、帳簿をまったくつけていない会社。「取引先に、会社にしないと取引できない」と言われて法人にしたけど、「友達に聞いたら、帳簿なんてつけなくてもいい。ばれたときに修正しますから」という態度の納税者もいます。

清家　そういう納税者は、税理士から切るしかないですね。切る覚悟は税理士側も持っていないといけない。変にずるずる入り込むといけないと思います。いったんそれを容認すると、次から次へと断れなくなってしまう。

荒井　「正しく申告しましょう」という風潮と、「納税額は少ないほうがいい。できるだけ少なく申告したい」という風潮と。現状では、両方が存在していると思います。

清家　うちの事務所は納税者の権利を擁護するという基本姿勢を持っていますが、不正に加担するつもりはまったくないんですよ。「ごまかしていると事前に知って、是正しなかったら顧問契約を切る」という態度で臨んでいます。しかし「知らずにやっていて決算申告した。調査に来た。知らなかったことが出てきた。それはそれで白黒はっきりつけて、黒は直さなければいけない」と直す。潔い対応を心がけています。

税務調査があった時は、調査官の前で納税者に「これは権利がありますから、応じなくてもいいですよ」「これは義務があるから応じなければいけない」などと納税者の権利義務をきちんと伝えます。調査の現場で権利と義務のメリハリをつけた対応をすると、知らずにきた調査官は「権利，権利とうるさいな。コピー1枚とらせないのか」と対決姿勢になりがちです。

私たちは、権利として当然と思っていますが、調べる側から言えば、権利と思っていないんですね。

◆コピーは調査官の「アリバイ作り」

清家　当然、法律で義務づけられていることはしなければいけないんですが、法律で義務づけられていないことを求められるケース、たとえば帳簿の持ち帰りやコピーについてはどうですか？

荒井　調査官がなぜコピーを取りたがるのかというと、上司が何を見たか聞くからなんです。「書き写しただけでは、どんな書類だったのか分からない」ということで、その書類がいると。だから、コピー、コピーと言うんですね。

井口　アリバイづくりみたいなもんです。

清家　なるほど、アリバイづくりですか。それで、うちとしては当然断るんですよ。断ると何かぎくしゃくした空気が漂うようになるんですが、納税者として法律で義務づけられていないことは勇気をもって断ります。あとは、どれだけ調査官の「お願い」に答えるかという問題になるんですけどね。

井口　具体的に特定して、たとえば「何月何日のこの取引について、納品書、請求書、それを支払った時の支払い方法、手形で払ったならば手形、何月何日に当座預金から落ちてます。落ちたときの、当座の照合表を見せてください」と。こういうふうに言われて、「この取引についてだけのコピーを1部ください」ということならばいいんですが、「この売上帳を全部コピーしてください。当座の照合表を貸してください。総勘定元帳を貸してください」というのは問題です。
「貸してどうするんですか?」と聞いたら、「預かり証を書きます」と。これを書いて持って帰るじゃないですか。見てませんよ。

清家　調査官は見てないんですか?

荒井　日数がないので。

清家　見るふりをしただけで、持ち帰る？

井口　署で、統括官に聞かれた時に返事をしなければならないから、手元に帳簿を置いておくことが必要なんですね。

清家　何ですか、それ。

井口　ひどいもんですよ。でも、税務署はそういう体質です。たまに預かっているものがなくなることもありますし。

清家　最悪ですね。

荒井　熱心な統括官は、調査官が預かってきた元帳を、担当者に代わって一所懸命見ていますね。担当調査官はほかのところに調査に行って、時間がないから。

◆「もう1回調査させてください」のケース

荒井　預かってきた元帳を、調査官がチェックした後、「これをちゃんと見て来い」と言われる調査官もいます。調査後に「すみません、もう1日だけいいですか？」と言われたことはありませんか？

清家　あります。調査が終わって事務所に帰ったら、「翌日にもう1回調査させてください」と電話があり、また蒸し返した調査がありました。

井口　署で元帳を見た統括官に、「これおかしいじゃないか」「お前ちゃんと（納税者や税理士に）聞いたか？」と言われ、「聞いていませんでした」となったときですね。

清家　「もう1回」を断ったら、その後なしのつぶてだったこともありますが……。

荒井　担当者としては、ひたすら頭を下げるしかないですね。本来、担当者は署長の代理だから、担当者が「調査、終わりました」と言えば、署長が終わったと言ったのと一緒のはずなんですがね。

清家　そこなんですよ。「担当者は署長の代理」という原点に照らすと、調査に来てその場で帳簿書類を見たりいろいろ質問するのだから、「そこで解決したらそれでいいんじゃないかと。わざわざ帳簿を持って帰らなくてもいいんじゃないか。コピーも不要じゃないか」と言えばいいと、私たちは思うんです。

井口　現実的には無理ですね。正直、出来る者がいません。

荒井　「税務署あって税務署なし」ということ。建物はあっても人がいない。人はいるけど「人物」がいないというのが現実ですから。

清家　税務署も大変な状態になっているんですね。

荒井　本当に大変な状態。さらに、まもなく「ゆとり教育」を受けた世代が税務署に入ってくるんです。挫折したことがない、競争したことがない。納税者から叱られたら対応できるだろうかと心配です。

◆「粉飾か、決算誤りか」は税法の解釈の問題

清家　古い話ですが、コピーのない時代の調査官はすごく仕事ができましたね。武士でいうなら、腕のたつ武士だ。ある意味「参りました」と思いましたよ。

荒井　コピーがなかったから、もともとコピーなんか頼みませんからね。

清家　その人たちは、問題のところをざーっとメモするんです。メモしていくと頭の中に不正が浮かびあがってくるんですよ。参りましたという感じ。

井口　そういう人は、あんまり現況調査、現況調査と躍起になりませんでしたね。

清家　あのころ、議論も相当しましたが、終わったときは清々しかったですよ。もう負けましたと。昔多かったそういう調査官が今はいませんね。

荒井　「コピー、ダメです」と言ったら、コピー機を持ってきて、「うちのコピー使うのでいいですか？」なんて言う（笑）。

清家　そういう調査官に限って、税法の解釈が間違っているんですよ。最初は「先生これ問題で

す」と言って、何が問題かと言って説明をし始めるんです。私も調べてみる。すると、その調査官が適用誤りをしている。「違うよ。これはこう考えるんだ」と言って逆に教えてあげたら「分かりました。じゃあ、これはいいです」となることも結構あります。

荒井　そういうことがないように、個別に審理担当が適用誤りがないように事前チェックすることになっていますが。

ところがさきほど言ったように、ずるい人は事前にチェックして取ることしか考えない人もいますからね。「返してくれ」と言っても、「これは勝手に計上した分だから、返さなくていいです」と。というのは粉飾決算ですね。

多くの場合、先生方は粉飾決算があったら、「これ８０００万円粉飾してますよ。悪いけど増差所得の1億円から８０００万円引いて２０００万円にして」って言うじゃないですか。ところが、粉飾の場合は次に税金が出たところから引きましょうというのが法律ですよね。

清家　法律に則ると相殺できないんですね。だけど、交渉したら差引きしてくれた調査官もいましたよ。

荒井　面倒くさいからじゃないですか？

井口　面倒くさいから片目つぶってやるんじゃない？（笑）

清家　当然それはそれ、差し引きしても多く残るからそうしてくれたケースもあるけれど。

井口　それを粉飾と見るのか、計算誤りと見るのか。

荒井　粉飾は見てくれない。

清家　粉飾は見ないけれど、計算誤りは修正しなければいけない。

荒井　だから、「粉飾、粉飾」と言ったらいけないんです。計算誤りというべきです。

荒井　「調査が終わって見直したら、計算が誤っていた」と。

井口　2万個しかない分を、会社が間違って20万個と書いていた。本当は粉飾しているのに「計算を誤っていた」と。

清家　知恵ですね。相殺するかしないかで、それで違うんですね。だから、納税者も賢くならなければいけないし、税理士も賢くならなければいけないと。

荒井　節税本と言われるのがいっぱい本屋に出ています。あれを読んで耳がダンボになっている社長さんがいらっしゃる。私たちはあれだけは信じないで欲しいと思います。

清家　やっぱり税務署にいた方々は、ああいう本は信じないで欲しいと思うんですか？　あの中には元調査官が書いた本もたくさんありますよね？

井口　ありますあります。たくさんあります。

荒井　「たまたま事案としてパスしただけであって、それが正当かと言ったら正当ではないですよ」と言いたいですね。

井口　正当でパスしたかどうかは分からない。たまたま偶然うまくいったというだけ。

荒井　そういうのが結構多い。納税者のなかにも「適正な申告をしよう」という人と、「荒い手を使っても、安くならないか」という人がいますよね。後者は、そういう類いの本を買っているようですね。私は、調査官がもっと厳しくなければいけないと思います。税法のプロにならなければ。

◆何ですか？「後で言うから」に注意

清家　偉そうに聞こえると申しわけないのですが、繰り返しますと、腕の立つ調査官が本当に少なくなったので、私たちにとって調査が面白くないんです。丁々発止することがなくなってきたので。

荒井　現況一辺倒ということで、現況に行って机の引き出しを開けたり金庫を開けたりして、疑っていた端緒が出て来なかったら「申告是認」にしてしまう。それよりも怖いのは、黙って来てコツコツ付せんを貼っていき、最後に「何ですか？」と聞くと「いや、後で言うから」と言う人です。

井口　私は、付せんを貼っておいて、「申し訳ないけど、付せん貼ったところだけコピーしてくれる？」と納税者にお願いして、何をコピーしたかを相手に見せるようにしていましたが。

荒井　私も、「付せんを貼ったところだけ2部コピーして、「一部は税理士の先生が持っていてください
ね。一部は私にください」と言っていました。

清家　税理士に持たせるのはなぜですか？

井口　問題点のある部分だから、当然持っていたら話が早いですから。昔から正攻法の調査と言っていましたけど、取引の初めから終わりまで、入口から出口まで、ひとつの取引を追っていくという正攻法で調査していました。

◆ものを言わない税理士が増加

清家　長年税務署で調査をしてきた立場から見て、税理士は昔と今とでずいぶん変わっていますか？

井口　変わってきていますね。

清家　権利主張する税理士は増えていますか？

井口　権利主張をする税理士も増えていますが、何も言わない税理士も増えています。ただ座っているだけで調査の立ち会いが苦痛でたまらないという若い税理士が増えているんです。

荒井「君らは調査官に修正してくれと言われても、なぜ文句言わないのか？」と聞いたら、「言っ

ていいんですか」と言う（笑）。「君らは指摘されておかしいと言わないのか？」「言っていいんですか？　睨まれませんか？」と言うんだから、びっくりします。

おまけに、「ちゃんと相手に伝わるようにモノを言えるんだったら税理士なんかになっていません」とまで言うんです。「人と喋るのが苦手だから、黙って飯が食える仕事だと思って税理士になったのに。調査の立ち会い業務があったのには気づきませんでした」と。納税者の前で、下手に言って笑われたら恰好悪いから、喉まで出かかっていても言わないんですって。

井口　納税者のほうも、「先生が言わないのだったら、自分のほうから言ってはいけない」とモノを言わないか、それとも「そんなことないぞ！」と、憤って調査官とケンカしてしまうか。

井口　税務署と納税者の間をとりもてない税理士というのも結構いますね。

清家　納税者が高い顧問料を払って税理士と契約しているのは、税務調査のときに助けてもらいたいと思っているからです。そういうときにものを言わないような税理士では、納税者に不満がたまるでしょうね。それは後で、その税理士を切ることになっていくと思うんですけど。

井口　調査官側から見れば、「ちょっと見せて、あれ見せて」とやりたい放題にできる、ものを言わない税理士はやりやすい（笑）。

◆調査官も〝壊れ〟始めている

井口　近ごろの調査官は、頼み方が下手。「悪いけど、決算期末で未払いが上がったのが翌期のいつ払ったのか、支払明細かあったらそれをコピーしてくれない？」と言って、「ついでに振込先も分かったらそれも書いてくれない？　1カ月だけでいいから。期末の未払金とチェックしたいから」と言ったら、書いてくれる可能性が高いのに、言葉遣いを知らないからダメですね。

清家　井口さんは、それをやってたんですね（笑）。

井口　得意中の得意でした（笑）。

荒井　元調査官の立場で言うべきでないのかもしれませんが、今、調査官が〝壊れ〟かかっているんですよ。大切なことを教育されていないので。

　まず、社長に「社長さんすみませんが、この取引の入口から出口まで教えてください。これは、どこから買ったのを売ったんですか？　自分のところで作ったものを売ったんですか？」と聞いて教えてもらえば、たいていは反面調査に行かなくても済むのに、そんなことも分かっていない。

清家　ですよね。最近の調査官は、非常に安易に反面調査に行くという印象を受けるんです。本当に行かなければいけないときは、こっちも納得できたらそれは仕方がない、行ってくれとなるのですが、「ここで証拠書類を見て質問をしたら分かるんじゃないか」と思う。それをしないので、こちらは「反面調査に行くな」と言わなくてはならないのです。

井口 自分で物事を紐解くという能力に欠けている人のほうが今は多いから。

荒井 普通、そういう能力は後から努力したら身につくものですが、調査官はそんなことをやる暇がない。さっき言いましたように、一人あたり200件ぐらい申告書が回ってきます。170件ぐらいは調査に行かない「調査省略」の判断をしなければならない。にも関わらず資料せんは取らなければいけない。調査省略しても、この資料せんは取らなければならないというルールがあるんですね。

清家 その資料せんは指令を受けているんですか？「外注費の資料せんを取ってこい」とかと。

荒井 行かなくても取らなければいけない。

井口 調査に行かなくても、申告書だけで分かるケースもあるじゃないですか。内訳明細の一番最後のところにある家賃とか。

荒井 「申告審理」という言い方をするんです。これは申告書が形式上合っているという意味。そのチェックと資料収集の2つをして、調査は省略が可能になるんです。

清家 「調査省略」とは調査に行かないというだけでなく、申告書から資料を取って初めて調査省略になるんですね？

井口　そうです。形式上、申告書が合っているかどうか。代表者に対する役員報酬の内訳とか、決算書、申告書で間違いが分かるようなものをチェックして。

荒井　内訳明細書と損益計算書の人件費の計算が合わないと、電話で「合いませんね、教えてください」。そういうのはあるわけです。そこで確認すると、「漏れていましたか。そうですか。これで合いました。修正しておいてくださいね」とか言って終わらせます。1日17件～20件、申告書を審理しなければいけないから。さっき言ったように、土日と有給休暇を除いて1カ月に20日働くなかで。

井口　出張可能日数が自動的に出てくるわけです。全ての業務は計画です。そうすると、その日数のなかから調査日数の目安は、準備調査1・0日。3・5日でいったら、2・5日の事案で取りまとめに0・5日だったら、2日で行かせてくれますかと。逆算したらそうなるんです。

◆「分からない」ことの多い「ひよこ部隊」

井口　税務署を退職して、今、税理士の立場から見ると、面白いですよね、近ごろの若い調査官。「御社ではどのような事業をなさっているんでしょうか?」と聞くから、「うちは、金属加工業」と答えたら、金属加工業と紙に書くんです。それで、「分かった?」と聞くと「はい」と言う。でも、

「金属加工業といっても、切っているのか叩いているのかが分かった？」と聞いたら、「いえ、聞いてなかったです」。「うちはシャーリングでやる」と伝えると、シャーリングと書く。もう一度「分かったか」っていったら「はい」って言うんです。

　そういうタイプは、肝心なことをきちんと聞かないんです。若い人たちは『準備調査法編』という本をよく読んでいますが、先輩からいろいろ口で教えてもらうことには積極的ではありません。

荒井　以前、若い職員は各部門に配属して、5部門あったら5人の上司から教わるというようになっていました。指導としてはそれがよかったかどうか別として、5種類の指導法を受けた同期生が集まって「現況調査はこんなの？　在庫の調査はこんなの？　この先輩はこんなだった……」というような話はしていたはずなんですよ。

　ところが、今は一つの〝檻〟に入れてしまったんです。「教える人」と「ひよ子部隊」とを。そこはその人の色しかないんですよ。その人が正しいかどうかは分からない。これが3年経って一人前になって、よその部門に行くと、一人からしか教わっていないから、新しい業態の会社に行ったら「分からない」となるんです。

井口　つまり、事務官が多いところが「ひよこ部隊」ですね。

清家　たとえば、そういう「ひよこ部隊」の一員が、帳簿を税務署に持ち帰って、なくしたときはどうするんですか？

井口　ただひたすらに探す。この前申告書がなくなった人がいました。

荒井　倉庫に紙に火をつけて燃やす者もいましたね。

清家　えっ？　調査官が火をつけて、納税者の大切な書類を燃やしたのですか？

荒井　そうです。始末書を書くのはまずいから放火したんですね。保管場所全部の申告書を失ったから、署が手分けして「申し訳ありません、コピーをください」と謝りに行った。

井口　預かっている書類がなくなったとか、申告書がなくなったとか、ありましたね。ところが、前年度になくなった書類は、担当者が転勤になった後、机の中から出てきたということもあった。たいていは、最終的に見つかるんですけどね。

清家　実際にどこに行ったか分からないものもあるんですか？

荒井　酔っ払ってなくすこともあります。マスコミでも報道されましたが、国税局調査部の人が、電車の中で反面調査の資料も含めて取引先のデータも全部、網棚に置き忘れたこともありました。

清家　びっくりしました。ある意味、税務署も現代社会の縮図の構造下なのかもしれませんね。ここまで聞いてしまっていいのだろうか、と思うことまでお聞かせいただきました。ありがとうございました。

相続税編

【元調査官プロフィール】

上田▼昭和50年代に国税専門官で採用、大阪国税局管内の税務署で資産税調査事務に従事、統括官で退官後税理士に。

江藤▼昭和50年代に普通科生で採用、大阪国税局管内の税務署で資産税調査事務や評価事務に従事、上席で退官後税理士に。

◆調査先は役所からの通知とＫＳＫデータで選定

清家　法人・個人どちらで商売をしていても、もしものときの相続税が気になるという人は多いようです。税務署は相続税を、何によって調査をする・しないを決めるのか、まず、教えていただけますか。

上田　不動産収入や所得の申告、法人の申告などから、被相続人にどれだけ資産があるのかが決め手です。

その資産の内容は、いわゆる流動資産で、預貯金が非常に少ないこともあれば、不動産収入の場合もあるわけです。不動産収入が毎年あるのは、調査対象に必ずあがってきますね。

清家 ということは、相続税の担当部署では、亡くなる前から収入などの資料を蓄積されてきているのですか？

江藤 いいえ。一覧性のあるものにはなっていません。未だに、事前に申告書を見にいかないと情報を得ることはできないです。

管内の人が亡くなり、市役所などに死亡届が出されると、税務署に通知されます。相続税法58条に、市役所は税務署に「通知をする義務がある」と定められているからです。通知されるのは、固定資産税の課税台帳に書かれている内容のほか、市民税の税額、直前の固定資産税の税額です。

相続税担当部署では、KSKに関係者の名前を入れて、関係するデータが入力されていないかをマッチングするのです。所得の内容や、どこの法人のオーナーなのかなどは、リンクしたものが全部あがります。

清家 なるほど。そのデータでもって、調査対象にすべきかどうか決めるわけですね。

江藤 そうです。そのデータから逆算して推定していくんです。これくらいの財産があるんじゃないか、と。

清家 それで、相続税の申告が出てくるのは、100人亡くなられると4人くらいですか？

上田　それくらいですね。

◆「お尋ね」は「申告をお忘れなく」のサービス

清家　すると、ほとんどの人が、亡くなっても相続税の申告をする義務のない人ですよね。
100人のうち4人に、そういう課税資料がついてくると、そこで吟味が始まって、申告期限が10カ月以内。相続税の担当部署で、その間にいろいろ、その人の財産的なものを調べられて、資料収集もされるわけですか？

上田　相続人の一部を対象に、「お尋ね」を出してますね。「財産の中味はどんなものですか？財産の債務はどんなものですか？　相続人は何人ですか？　税理士さんを依頼されますか」と。回答は任意ですが。

清家　相続人のところに、「お尋ね」はいつ届くのでしょうか？

上田　市町村から税務署に通知が届くのが、亡くなった翌月の中下旬くらいなので、「お尋ね」は、亡くなってから3カ月後くらいに届きます。

清家　100人のうち96人の、相続税がかかりそうにない人には出さないですよね？

江藤　そうです。といいますか、「お尋ね」は、申告の義務のある人に、サービスで「申告をお忘れなく」という意味で出しているわけです。

清家　すると、やはり不動産が判断基準ですか。これだけの不動産を持っておられたら、相続税がかかるだろうというところに、お尋ねを出されるわけですね。回答はほとんどきますか？

江藤　そうですね。

清家　回答がきてから、相続税の申告書を相続人に送付するのですね？

江藤　いや、昔は別々でしたが、今は「お尋ね」と申告書を同封して送ります。

清家　「お尋ね」と一緒に申告書が来ると、そこで当然「気づき」が生まれてくる。申告期限が10カ月後ですが、申告はほとんどの人がしてくるんですか？

江藤　先に「お尋ね」を返送してきますからね。その後で、申告書を出してくるかどうかは自主申告制ですから、我々は期限までは待ちます。

　申告書が出てくれば、その内容を、お尋ねの内容を吟味しつつ、その人に対しての他の資料も照らし合わせ、調査しても意味がないと判断すれば「省略処理」をして終わりです。

　しかし、ＫＳＫからの過去の資料については、過去4～5年とか10年の単位で、不動産の譲渡所得の申告、多額の入金があれば調査対象にあげます。

清家　つまり、すでにある程度財産的なものを把握済みだから、申告書が出てくれば、想定どおりだと思うと調査省略し、想定より不動産、預貯金、株などが少ないと思うと、そこから調査するという判断に入っていくということですね。事前に銀行調査はしますか？

上田　事前にはしません。申告に出ている金融機関の、残高が正しいかどうかを調べるために、銀行へ「照会文書」は送りますが。あとは、過去３年分の預金の動きを回答してほしいと依頼します。

清家　どのタイミングで照会文書を出しますか？

江藤　申告書が出てから、税務調査をするという通知をする前です。

◆高額重点で調査するが電話で終わらせることも

清家　私たちも相続税の調査は何度も受けていますが、その経験から、遺産総額が２〜３億円あるいはそれ以上なら、調査の頻度が高く、額が少なければ調査の割合が少ないように感じますが、そうですか？

上田　統計はありませんが、その傾向はあるといえるでしょうね。いわば、高額重点ですね。

清家　高額とは、いくらくらいですか？

江藤　２億円以上でしょうか。

清家　やはり。２億円を超えると調査があり、１億円くらいはあんまりないということですね？

江藤　まあ、そうです。しかし、現場での感覚でいうと、金額の少ないところのほうが、調査によって修正申告に結びつくケースが多いんです。

金額の大きいところのほうが、税理士も慎重にやる傾向にあるからでしょう。昔はいい加減なのも多かったですが、20年くらい前から相続税の専門性というものが出てきて、財産評価や預金などを念入りに調べて、ていねいに申告を出す税理士さんが増えたと思います。たまにポカもありますが（笑）。

1億円前後のところは、税理士もきちんと聞いてなかったり、相続税に対する意識が低いために、この程度はどうってことないだろうと隠したり、子どもの名義だから申告しないでいいだろうと思っているようなケースがありがちですね。

清家　2億円以上であっても、電話だけで「調べて」「郵便貯金が漏れてた」「修正して」と終わってしまうケースも、私は過去に1～2回あったんですが、一般的に電話で終わらせることもあるんですね？

上田　ありますよ。ワンポイントしか間違いがない場合は、それ以上を調べる時間が惜しいから。短時間で済まそうとします。

◆重加をかけた「手柄話」を税務署で発表

清家　そういうとき、明らかなのはワンポイントでも、自宅に行ってついでに他も見たいというふうにはなりませんか？

上田　ほとんどないですね。ワンポイントで終わらせます。

江藤　件数をこなさないといけないから。念入りに調べたいところが出てくると、そのために犠牲になる時間をどこかで作らないといけないでしょう？　はっきりした数字が修正申告で出て、他に問題はなさそうだと感じると、電話で決着つけますね。1日か2日で終わってしまいます。

　たとえば、それを7日間かかってやったように税務署で処理すれば（笑）、3～4日は浮いてきます。そういったのが積み重なってくると、通常は7～10日しかかけられない他の調査を、20日くらいかけて念入りに調査できます。それによって事績があがれば、重加算税でもかけられることができたら、署内で手柄話として「事績発表」できた。もっとも事績発表会は、最近はやっていないようですが。以前は、若い署員たちに事績発表会に参加させたんです。事績発表をやると、12月に出るボーナスで少し割り増しがつきました。

清家　なるほど、そういう時代があったんですね。今、調査官一人につき、1年間に何件くらいの相続調査が行われていますか？

上田　重点をどこに置くか。内部事務、調査事務の人のバランスがとれているところと、2～3人しかいない小さな署。署によって違います。

小さな署は、内部事務に人手と時間をとられるので、あまり件数は出ません。一方、資産課税部門があるところは、年間一人で10件くらいでしょうか。

清家　7日くらいで1件の調査するんですか？

上田　そうです。

清家　相続税調査をする決定権は、統括官がもっているのですか？

上田　最終的にはそうですが、実質的には、ベテランの上席が判断します。

まずは、審理担当（申告内容を審理する担当）つまり内部事務の上席が、調査選定の〝色分け〟をします。その中で調査対象にあがったものを、まずは局の査察部や資料調査課が来てピックアップして「ウチがやる」と。次に税務署の広域担当、機動担当が来て、ピックアップします。

その後に残ったものを、特別国税調査官が、先に調査対象を取っていきますから、一般部門に回ってくるのはカスばっかり（笑）、時おりボコッと大化けすることもありますが。

清家　税務署に申告書がたまってくると、どこがやるかということを相談する会議が開かれるんですか？

上田　会議はしないですね。

清家　すると、残りもの（笑）を一般がやり、調査省略、電話調査、実際に行っての調査と3方法に分けるということですね。

ところで、相続調査は1人ではなく2人で来られるケースが多いですね。このごろは男性と女性の2人組が多いですね？

上田　税務署に女性が増えたからでしょう。

清家　相続人、被相続人の自宅に行って調査するケースが多いので、その場合、1人では具合悪いので2人という配慮ですか？

江藤　理由はいろいろあると思いますよ。お互いの牽制もあるし。特に、現況調査には必ず2人で行くように言われています。

◆「趣味は何でしたか？」の確認が重要

清家　当然、「何月何日に家に行きたい」と100％事前通知する。そして、すでに銀行に照会して、通帳の3年分の動きなどを持って来る調査官が多いですが、調査をする相手については、金融機関への照会済みであることが原則のようですね。それなら、銀行からの資料を見たら分かるじゃないかと思いますが、わざわざ自宅に来られる目的というのは何ですか。

上田　自宅に行くのは、その人の趣味趣向であるとか、家の中にどんなものがあるのか、現物の資料を確認することが目的ですね。

現実には、家の中にあるカレンダー、タオル、ティッシュ、必ずトイレに行って、銀行のタオルなど、公表されている金融機関等以外のものがないかをチェックしようというのが目的にありますね（笑）。聞き取りをしていく中では、通帳に確認をするものや趣味に関するものをメモします。

清家　なるほど。必ず「趣味は何でしたか？」と聞きますものね。趣味にお金をかけていたか、確認ですね。「骨董でした」「焼き物でした」とか。

申告漏れの預金の確認というのと、把握ができてないが他の銀行との取り引きがないかどうかを調べるということなんですね。「趣味は何でしたか」は、趣味のものにお金がいっているのではないか、と疑ってかかるためですね。

江藤　具体的にいろんな話を聞いて行くなかで、上手な調査官は、「いいご主人だったんですね」「やさしいご主人だったんですね」と奥さんに思い出を語らせる。そして、「指輪を買ってもらいました」（笑）と言わせるようにもっていくんです。聞き方にマニュアルはなく、上手に聞き出せるかどうかというのは、調査官のキャラにかかっています。

清家　趣味、雑談からあがった例はありますか。

江藤　ないことはないですよ。大型テレビが１００万円だった時代のことですが、調査に行った被相続人の自宅に、ものすごく大型のテレビとカラオケのセットがあったんです。申告書には載ってなかった。「奥さん、カラオケが趣味なんですか？」「主人が趣味で、こんな大画面でカラオケしたいと言っていたので、死ぬ直前に買ったんです」……。実際２００万円くらいのものでしたが、それが使途不明金。申告漏れになっていたことがありました。

清家　相続財産として、申告して修正してもらわないといけないわけですね。

相続税調査で、「預金通帳を見せてくれませんか」とよく言われますよね。それで、奥さんが立ち上がって他の部屋に預金通帳を取りに行こうとすると、「通帳を置いているところを一緒に見に行きたいんですけど」と言うケースが多いですが、なぜそういうことをされるんですか？

江藤　上から指示をされているのですね。ついていくようにと。それを忠実に守る人もいれば、いやだと行かない人もいる。僕は行かなかったほう（笑）。

先ほど言いましたように、事績検討会で、若い子は研修します。そういう場合、奥さんについて行って、金庫など大事なものを置いているところを見に行く。「金庫の中を見せてください」と言って断られても、「見せられないんですか」「やましいことがあるのですか」と言って協力を促します。すると、過去に解約した定期預金の証書等が出てきたりする。家族名義の通帳が出てきたら、「40、50歳の子どもさんの通帳がなぜここにあるんですか?」と。名義貸しじゃないか。隠蔽していたのではないか。仮装隠蔽の事実となれば、重加算税になります。

　重加算税を取るためには、そういった調査をやるべきだという方針は確かにありますね。そういった方法の調査での成果が手柄とされ、研修で教えられると、若い子は手本に真似をしてやろうと思いますよね。

上田　いつだったか、若い1年目くらいの女の子が、研修で教えられたとおり、奥さんについていって、通帳がごっそり出てきてびっくりしたことがありましたよ。申告漏れの発覚です。

◆「見たい」は強制できない

清家　うちの事務所では、そういう場面になったとき、調査官に「ここにいてください。持ってきますので」と制止をさせてもらう。「なんで?」「保管状態を見たいと思っているのですが、なぜダメ?」などとやりとりになりますが、その場で見てもらうようにしています。

　こういったことは、質問検査権に対する納税者の受忍義務でいえば、構わないのですね。

江藤　そう言われたら、強引にはできません。

清家　受任義務はなくて、協力のお願いで言っておられるという解釈でよいのですね。

江藤　はい。

清家　とりわけ、ご主人が亡くなられて、女性だけになった家では、「あちこちの部屋に調査官が入られるのがイヤだ」とおっしゃることもあり、私たちは断ります。断ったからといって、調査妨害、調査拒否にあたることはない？

江藤　それで問題になることはありませんが、調査官が税務署に帰って上司に報告するときに「非協力的だった」と報告するかもしれませんね。

清家　非協力であったと報告されても、なんら不利益になることはない？

江藤　人によっては「ひょっとしたら、何かあるんじゃないか」と想像することもあるでしょう。

上田　質問検査権というものの解釈がね。職員は、「獲物の獲り方」は教えてもらうけど、そのルールはあまり教えてもらわない。『現況調査の手引き』には、「『税務申告が正しいかどうか確認するために、ありのままの姿を見せてください』と説得しなさい」と書かれています。

◆「線香をあげさせてください」と仏間へ

清家　過去に、「まず、線香をあげさせてください」という調査官が何人もおられました。

江藤　そういうことを言っていた時代もありましたね。

清家　線香をあげるには、仏壇のある部屋に案内をするということになります。仏間に座られて、「預金通帳出してください」と言う調査官もいましたが、線香をあげるというのは、一つの調査手法ですか？

上田　相手の懐に入っていく方法の一つでしょう。仏壇を見ると、その家の〝格〟が分かってきます。床の間にどんなものを飾っているか。違い棚に大事なものを置いていないかと目星をつける。先祖からの写真や表彰状が飾ってあり、被相続人がどういう立場の人なのか分かることもあります。

仏壇の中の引き出しに大事なものを持っている可能性もあります。線香をあげにいくのは、そういうことへの入口になります。

清家　「線香あげさせてください」に、「別に結構です」と断ることもできますよね。でも、すっと「どうぞ」という感じになる。

上田　日本人としての文化の共有でしょう。「仏壇を拝ましてほしい」と言われ、悪い気持ちになる人はいないから。

清家　拝んだら、居間に戻るのかと思ったら、「香典帳を見せてくれませんか？」とか。

上田　香典帳や弔問録は、仏壇の中の戸袋の中に入れていることが多いですからね。チェックせよと言われたこともありましたね。

江藤　先輩に「拝め」と言われて、私も拝んだこともありましたよ。でも、私は拝んでから、調査をする場所に戻りましたが。

仏壇の中の戸袋に入っている香典帳で、交友関係をチェックしたら、出身地も見る。遠方から弔問客が来ていたら、出身地に不動産を持っているケースもあります。

清家　亡くなった土地の不動産は、通知がいきますが。出身地は来ないから。

上田　そうそう。亡くなった人の履歴を聞くというのはそういうことです。

遠方の金融機関の人が葬儀に来ているケースもあります。銀行の担当者が転勤している場合もありますからね。今は住まい地での申告がありますが、その担当者が葬儀に来るということはよほどのつきあいがあるということ。その支店に、つきあいで預貯金口座を作って、それが漏れているケースもあるでしょう。

以前に、相続人も知らなかった預金を見つけたこともありましたよ（笑）。そのときは感謝されました。

◆過去の贈与を銀行照会

清家　銀行に照会をかけて調べるのはどんな内容ですか？　過去に、亡くなった人の奥さん、子ども、孫、全部の通帳を見られていたのもありました。

上田　過去の贈与。それに対する印鑑はどんなものであるか。その印鑑を管理している人はだれか。そういったことの照会をかけるのです。調査先の自宅で「印鑑を見せてください」「それで、すべてですか？」「印影をとらせてください」……。印影と反面調査したものとつきあわせて、「子どもさんの通帳の印鑑がここにあるのはなぜ？」となる。たとえば「北海道に住んでいる子どもさんが、大阪で預金しているのは、おかしいじゃないか」となるとか。

清家　印影は、「取っていいですね」という承諾があって初めて取ることができるものですよね？

上田　そうですね。

清家　家族名義預金の印影も併せて取るというのが、相続の場合多いですね？

江藤　親の立場としては、子どもの将来のために、子ども名義の預金を作っておいてあげようというのは普通の感覚。何かあるときに使ったらいいという。４０００～５０００万円とか、作っているケースもある。

清家　被相続人名義でない、子ども名義の預金。古くからのは、贈与したものなのか、名義を借りて作ったものなのか、難しい判断が要りますね。通常、課税する側は、被相続人の預貯金と見るのですか？

江藤　そうであろうという前提で固めていく。預金の印鑑、通帳の保管場所。相続人自身が、その預金の存在を知っていたかどうかがポイントです。

清家　子ども名義の預金を子どもが小さいときからやっていて、何十年も経ってくると、「被相続人の預金じゃないか」ということになりますか。その場合、納税者は調査官に、贈与の事実をかなり説明しないといけないということですね。

印鑑は、本人と同じものを使っているとか、通帳も被相続人が保管しているケースが多いですよね？

一つずつ違う印鑑を使っていると大変だから、自分と同じ印鑑を使っているケースなんかが結構ありますし、通帳も本当は渡しておかないといけないのに、被相続人が保管しているケースも少なくないですね。銀行での筆跡も、被相続人。それだけ見ると、「被相続人の預金じゃないか」という状況にあるので、「いや、これは子どものものです」と説得しないと、課税されてしまうということになりがちなんですかね？

江藤　そうですね。印鑑を変えて持っているケースもありますよ。

清家　自宅に調査に行かれて、新たにつかんだことは、反面調査されるんですか？

江藤　はい。

清家　相続税は、法人税と違って、反面調査が主になってくるわけですね。

上田　その裏付けとしては、銀行入金のときの伝票。筆跡。「だれの筆跡だ」と。よく見ると、銀行員が外交に来て、「皆の分を書いておきます」「印鑑を押しておきます」というケースもあるから、やっかいです。

◆困るのは理屈をこねる納税者

清家 ところで、調査官が困る納税者とは？ 調査しにくいのはどんな人ですか？

江藤 困った……というほどでもないですが、私が行ったなかで、猟銃を持っていた人や、酒を飲んでいた人がいました。一瞬たじろぐけど、同じですよ。話してみたら、返答はしてくれる。

清家 狩猟が趣味で、猟銃を持っている？ 趣味を言っているようなものですね（笑）。

上田 相続税の申告書を出す人は、まあまあ紳士的な人と、妙に理屈っぽい人とにわかれるかもしれません。たまにワケの分からない人もいます。暴力的な人というのは、経験したことありませんね。理屈っぽい人は、最終的に分かってくれるからまだいいのですが、無茶な理屈を言う人は困りますね。

清家 どんな理屈をこねるんですか？

江藤 「親が亡くなるまで、自分が面倒をみてきたから、親は債務を持っている。親が病気してから3年間、月に20万円として年間２４０万円の3年分。７２０万円を債務控除する」とか（笑）。

「ダメです。子どもは扶養義務があるから、そんなもの債務にあげられない。それは、兄弟と話してください」と真っ向から反論してきたケースがありました。あのときは、最後まで納得しなくて、更正を打った。

なかには気の毒だと思うケースもありますよ。バブルのときに、何億円という財産があったのに、調査する時点では半値以下。もう何もない。申告書を出す段階で納税資金がない。さらに調査する段階で、にっちもさっちもいかないという、やりにくい事案もありました。

上田　これも古い話ですが、国鉄からJRになるときに退職した元国鉄職員で、4000万円近い退職金をもらった人がいました。その退職金全部でNTTの株を買い、亡くなった時点で300万円になっていて、申告書を作る時点で150万円くらいになった。さらに、調査した段階で80万円くらいになっていて、もう泣いていましたね。払うべき税金にあてるお金がない。それなのに払わないといけなくて……。

◆絶対にまとまらないケースもある

清家　相続の場合は、100%近くが税理士関与ですか。

上田　そうです。たまに理屈っぽい人が、自分で書いてきますね。

困るのは、相続人同士、たとえば家を継いだ兄と結婚して家を出た妹なんかが、仲の悪いとき。別々に自分で書いてくるんです。最悪。以前と比べて、こういったもめるケースが増えている傾向にあります。

清家 もめたら顔も見たくない。同じ申告書に判も一緒につきたくない？　別々の申告書が出てきて、内容が違うとなると、当然調査ですよね？

江藤 署としてはやりにくいです。未分割で、もし調査をして、たくさんの問題が出たとしても、その直後に、分割協議がまとまったら配偶者の税額軽減などの適用が可能となり、ごっそりと税金が減る。すると担当者としての実績がなくなってしまうんです。だから、やりたくない。

清家 そうですか。

江藤 絶対にまとまらないケースもあるんですよ。

清家 税務調査のなかで、相続人同士でいがみあってるケースもあるんでしょうね。調査官の方々もたいへんですね。

江藤 相手方で聞いた情報を、もう一方の人に「これ本当ですか」と聞けないから、やりにくい。

相手方のメインとなる人は財産を分かっている。でも、メインでない人は財産が分からないから、申告書の出しようもない。そんな場合は、そこの部分については、修正申告とか期限後の申告ということになるわけです。やりにくい。

守秘義務があるので、一方から出された財産の内容を、もう一方に開示することができない。「税金はこうですよ」という説明はできるが、課税根拠はなにか、どんな財産があったのかを伝えることができないんです。

清家　難しいですね。

江藤　調査によって、もめ事に火をつけるようなもの。「なぜ伝えたの？」となってくると税務署も大変ですから。

　相続税の申告書が出た時点でもめていることが分かったら、結局、相続税調査がたち切れになることもあります。まとまらないので、調査しないで〝塩漬け〟にしてしまう。もちろん、どうしてもやらないといけないときはやりますが。

清家　それはどんなとき？

江藤　明らかに、内容がはっきりしているとき。過少になっている。一方の人に「財産の内容は伝えられないけど。この内容になります」と伝え、決定、更正する場合もあります。

清家　自宅まで調査に行く場合で、更正は少ないですか？

上田　ええ。修正が99％以上ですね。

清家　更正を打つのは、はっきり問題点が出ているのに、どうしても言うことを聞かず修正しない場合だけですか？

上田　調査に行くということは、どこかに問題があるからなんです。中には、高額だからという基準で行く場合もあるし、少額だからといって調査しないこともない。

相続税の特色は、評価があることです。教科書どおりの評価だったら、文句のつけようもありませんが、イレギュラーな不動産等なら、ケチをつける点があったりするのです。そういったところでは、何らかの形で修正申告は取れたりします。

◆通帳の持ち帰りや「ヨコメ資料」は褒められる

清家　自宅での調査で、コピーも求めますか？

上田　相続税調査では求めないですね。普通、自宅にはコピー機もないし。

清家　通帳等の資料を持って帰ることは？

江藤　預かり証を渡して持ち帰り、署でコピーをとって、必要がなくなったら返しに行くことはあります。

清家　持って帰る、持って帰らないの判断基準は何ですか？

江藤　あれば、とりあえず預かって帰りたい。

上田　私はあまり預からず、その場で見るほうです。

調査が終わった後、書類をまとめますよね。ちゃんとやってきたということを、上司に示さなければいけないのですが、そのときに書類のかさが高いと、「よく調べた」と褒められる。そういうところがあるんです。実は必要なかったけれど、コピーをたくさんとったというケースですね。

江藤　申告書が出れば、葬儀会社、寺に対して葬儀費用、債務控除として個人や法人のだれにいくら借りているとか、そういうものを作って、銀行調査等に行って、他の資料を見つけてくる。調査官の評価として、修正申告を取ることだけでなく、どれだけの資料を取って来たかということが、調査官の一つの評価になったりするわけです。どうでもいいようなものでも、「資料を取って来た」「忠実に業務を遂行している」ということになって……。

　これを、署内で「ヨコメ資料」というんです。

　たとえば、Ａさんの資料から、「大阪市内の金融機関に、河内長野のＢさんが１０００万円もの定期預金している」という事実が分かれば横目でメモをする。それが「よくやった」と評価されるんですね。その「ヨコメ資料」を、後にＢさんの所得税の調査に生かすようにする。ＫＳＫの資料と同じですね。そうやって作られたデータには、税務署員みながアクセスできますから。

清家　ＫＳＫについて教えてほしんですが。

調査に行く、いろんな資料を取ってくる。そのデータをＫＳＫに、担当者が入力する。全国至るところでＫＳＫデータを見ることができる。活用が進んでいる。だから、資料をたくさん取って来たら評価されるというわけですか？

江藤　そうそう。税務調査だけじゃなく、飲み屋に個人的に行って、「何人で飲食した」「レジを打っていなかった」そういうのをたくさん取って来たら、「よくやった」と評価される。

清家　そうなんですか。

江藤　そういう情報をたくさん取った人が、年度末に、署長から表彰されたり、ボーナスを加算されたりすることが、現実にあります。

清家　ノルマは明確になくても、一所懸命そういったデータを集めて来るということが、忠誠心の表れだと評価されるのですね。出世も違うんですか？

江藤　それなりの待遇を与えられるかもしれません。

清家　ところで、相続税は税理士が立ち会ってるケースがほとんどでしょう？　問題のある税理士っていますか？

上田　税理士でやりにくいのは、相続税について知識のない人。申告書を作成はしたものの、評価の仕方を知らなかったり、どういったものを財産として申告しなければならないとか、小規模宅地の特例とか、知識不足な税理士もいますから。

なかには強引な理屈をつけてくる税理士がたまにいます。贈与という理屈をつけてきて、根拠を示したとしても「じゃあ更正してくれ」とか。「名義預金として申告に反映させなければならない根拠を、税務署は示せ」と、調査官に突然怒り出す税理士もいました。自分がミスしていたことを納税者にあからさまにしてほしくないから。後で「すみませんでした」と言われても困ります。

◆実はあいまいな「正しい申告」

清家　実際のところ、個人生活の中で蓄えられた財産というのは、法人関与であっても、個人関与であっても、なかなか見えない部分があります。だから、私たちは税理士として、「相続税をかけなくていいものに、かけてないか」とナーバスになります。

相続人から、いろいろな資料を見せてもらいながら、「財産はこれで、評価はこれで、税額はこれでいいですね」ということで印鑑を押してもらって申告するわけですが、調査を受けるとなると、税理士として二つの面で気をつかいながら立ち会います。

一つは、財産が不当に奪われないか。

もう一つは、人権が侵されないか。調査を受ける側として、法律に基づく適正な調査であるかどうか。納税者の権利が侵害されていないか。

さきほどの話に戻りますが、調査官が「書類を持って帰ります」というとき、私たちは「この場で見てください」と言うんです。「納税者としての受任義務はそこまでありませんよ」という判断から、持ち帰りを断りますし、所定の部屋以外への立ち入りも断っているんです。調査官に言われたことをなんでもかんでも受け入れることはないですね。

しかし、そうすると、調査官との間に角が立つケースも出てきます。それと、さっきの話のように「過去に親からもらったものだから、今回の相続財産でないです」と言うとき、本当のことは分からないですが、いろいろと説明を受けたり、仕事をしているなかでは、納税者が言っていることをまああそうかなと判断するわけです。

今申し上げた二つの面で、税理士は納税者側に立って対応しますが、そのあたりを調査官としてはどうお考えですか？

江藤 ケースバイケースですね。納税者の話を聞いていくにつれ、「その人の相続財産ではないか」と変わって来ることもありますから、ケースバイケースでの対応が本来の形ではないかと思います。

清家 正しい申告という言葉でいえば明解ですが、実態はあいまいなこともありますよね。正しいと思って課税したのに間違っているケースも、その逆もあると思う。

ついこの間、相続税の調査で、たくさんの家族名義預金のあるケースがあったんです。亡くなった人が医師で、奥さんの親も医師。多額の持参金を持って来ていました。収入が多いから、3人の子どもが小さいときから、子どものために預金してきて、家族名義預金もたくさんあったんです。

それらの預金が、「本人の財産なのか、名義の家族のものなのか」とかなり追求されましたが、立ち会ったこちらも、内容がもう一つ分かっていない。税務署は金融機関をかなり調べて、過去の資料も持っていますし、資料は圧倒的に多い。税理士の持っている資料は納税者からもらうものくらいしかない。そこからの判断なわけです。

税務署が正しいのか、納税者が正しいのか、その見極めが難しいですね。税務署が正しかったら、当然修正しないといけないし、納税者が正しかったら「ノー」と言わなければいけない。その狭間に立ちます。

江藤　分かります。そういう場合、ほんとに見極めが難しいですよね。

清家　そのときは、10年以上前に贈与税の申告を奥さんを含め4人がしていたという資料がたまたま出てきたんです。1000万円単位で、贈与税の申告をしていたんです。「先生、実はこんなのあるんですけど」と見せられ、「これは過去にもらった預貯金だから、被相続人の財産と違いますね」ということで説明したら、調査官も「分かりました」となりました。

税務署のほうも100%クロだと判断がつかないのに、「修正してください」と言っているケース、ありませんか？

上田　ありますね。法人税、所得税だったら、取り引きを追いかけるのは３年間のことだから、つかむことができる。ところが、相続税は生まれてから亡くなるまで、推理しないといけない。推理の裏づけをとっていって、「こうだろう」と突きつける。そういう面では、曖昧な根拠の中で突きつけているケースもあると思います。

清家　税務署の人がどう考えていたかは、結果が出て分かる。相続税調査は、どちらが正しいのか、こちらも推理しながら対応します。

江藤　結論として、両者が納得したケースは珍しいですね。

清家　あのときは、時間もかけてすごく頑張りましたよ。たまたま出て来たのが、贈与税の申告書の控えです。あれがなかったら、どんな結論になったか分かりません。

調査官は、その控えを見た途端に「分かりました」でしたが、その控えが出て来なければ、納税者に時間をかけてシロかクロか聞くことになったでしょう。両者の言い分を聞いて「中をとる」としていたとも考えられます。もし中をとっていたら、払わなくていい相続税を納税者に払わせたという責任が、我々税理士に出てきます。

納税者からいえば、どこかに腑に落ちない部分を残しながら、「５０００万円といわれているが、じゃあ２０００万円で修正して」などと手を打つケースがよくありますが、この事案に私が手を打っていたら、納税者が財産を奪われることになったわけです。

だから、相続というのは、「雲をつかむ」ようなもの。手を突っ込んでもどこが底か分からないなかで仕事をしているような気がします。

上田　最近は税理士さんもやりにくいですね。昔だったら、税務署の言うとおりにしたらよかったのでしょうが、そういう感じでなくなっていますからね。

清家　下手したら、損害賠償を訴えられるケースもありますからね。

繰り返しますが、調査で立ち会うとき、課税されなくていいものを課税されないように見極めることと、人権が守られて調査を受けることの2点は、神経質になりますね。

上田　法律がいい加減ですからね。

清家　そういう立ち会いをすると、調査官によっては角が立ち、非常に険悪な雰囲気になって、口も聞かないような雰囲気になることもあります。こちらとしては、納税者の権利を主張しているのに、調査官は「調査を邪魔されている」と思う……。

江藤　そういえば、一時期、審理専門官をつくって、訴訟に堪え得るような調査の仕方、資料の整理の仕方、決着のつけ方を、言っていた時期もありましたね。

清家　さきほどのケースでは、贈与税の申告書控が出て来なかったら、更正も頭にありました。対立は平行線ですから、更正を打ってもらわないとシロクロが出なかった。しかし、「中をとって」

と、手を打つこともある。

◆税務署ＯＢ税理士と調査官の結託

江藤　「中をとる」といえば、税務署ＯＢの税理士と調査官が結託していたケースもありました。

　5000万円の財産がある。増差税額が2000万円くらいとなって、税務署ＯＢの税理士が調査官に「これは仮装隠蔽になるから、重加算税、延滞税合わせて3000万円くらいを課すことになる」と言わせる。税理士は「私にまかせておけ」と納税者に言い、税理士が金額を1000万円に交渉する。2000万円の差額が出て、その20～30％を税理士が報酬として受け取る。すると、その税理士の関与先のスナックで、調査官がただで飲める……。

　そういうことが、資産税関係のＯＢの税理士と調査官の間で、長く癒着のような形でありました。見つかって懲戒免職になりましたが。

清家　えっ？　本当ですか。税務署ＯＢ税理士と調査官が結託して納税者を騙し、払わなくていい税金を払わせたとは。普通は考えられないことですね。

　納税者も税理士も「払うべき税金は払う。払わなくていい税金は払わない」というスタンスで申告をし、調査になったときも、納得できなかったら修正には応じない。税務署がクロだという考え方であれば、更正を打ってもらう。こういうスタンスでないと。

上田　シロクロってなかなかつかないじゃないですか。そんなもの、なかなか分かりません。私なら税務署OB税理士の立場として、良心の痛まない程度に納税者に譲歩してもらうかもしれません。

清家　更正を打たれて裁判ということになると、異議申立等に、また大変な手間がかかります。確かに、ある程度のところで折り合っていくのが、現実対応だとは思いますが……。

上田　悪いイメージにとられるかもしれませんが、それは、私はある意味で真理だと思う。長く調査官を経験していると、誰が持っていた金か、自分の勘で分かります。

清家　相続税の申告にあたっては、亡くなる前にあちこちの預金を何日かに分けて引き出す人が多いですよね。それは、相続税の申告に入っていませんが、税務署が調査すればすぐに分かる。

私たちもそういうことが分かってくると、事前に3年分の通帳を見て、「金額の多いものについては、「何に使いましたか」と聞いて、申告に入れなければならないものは入れていく。亡くなった当日の出金は銀行の残高証明書に載っていないので、これも申告に入れます。

上田　調査官には、自分が指摘していることが想像であるということを見間違い、思い込みになってしまう人もいます。絶対そうだと。そうすると、思い込みをフォローする資料としか見えてこない。角度を変えれば、「そうじゃないんだ」ということもあり得るのに。

清家　白い花が黒く見えてくるようなことも。

上田　人間ですから、ありますよ。客観的にものを見られない。上司が一緒になって「行け行け」とけしかける場合もありますからね。

◆「重加はこれだけとりなさい」と暗黙の目標

清家　税務署には、ノルマ主義ということもありますか？

江藤　派閥も、ノルマも良しとする風土がないとはいえないと思います。

上田　ノルマについていえば、対前年を落とさないようにしようという考え方から件数のノルマがあります。国税局単位での争いもあり、最近きつくなってきているようです。「重加算税をこれだけ取った」「何割の修正申告を取った」などという競争が署に下りてくる。すると、「重加算税はこれだけ取りなさい」と、暗黙の目標があるんですね。横並びにしないと、統括官とかは落ち着かないわけです。

清家　手柄競争にデータが使われる？

江藤　そうです。私なんかは、あんまり重加算税が出るような現況調査はしなかったですから、そういった意味では、手間も時間もかけることをしませんでしたが、件数だけはこなす役割を担いました。

明らかに税法的におかしいとか、評価でおかしいとか、はっきりした分で件数をこなす。そういった間に、資料調査課出身の人たちが現況調査などで重加算税をこなしていく。署全体でバランスをとっていくところは、悲壮感がなかったりします。一律にノルマをかける部署には、悲壮感が漂っていますね。

上田　もっとも、ノルマという言葉は誤解を呼びますね。国税庁が持っているのは、接触率。「効率を維持してもっと上げたい」と。そうしないと行政、国はもたない。はっきりしているのはそこだけです。そこから派生して、前年対比を落としたくない。毎年事案は変わるのに、同じ税額を上げなければならない。それが、結果的にノルマになってしまったのでしょう。

清家　納税者も税理士も税法の知識と、税務署の現実問題を知っておかなければいけませんね。税務署はどこまで権限として調査できるのか、納税者は受任義務がどこまであるのか、よく勉強して対応するのが賢い税理士、納税者ではないでしょうか。

上田　そのとおりですね。

清家　今日は、貴重な内輪話を教えていただき、ありがとうございました。

資料編

税理士法第一条・第二条・第二条の二・第三十四条

（税理士の使命）

第一条　税理士は、税務に関する専門家として、独立した公正な立場において、申告納税制度の理念にそつて、納税義務者の信頼にこたえ、租税に関する法令に規定された納税義務の適正な実現を図ることを使命とする。

（税理士の業務）

第二条　税理士は、他人の求めに応じ、租税（印紙税、登録免許税、関税、法定外普通税（地方税法（昭和二十五年法律第二百二十六号）第十三条の三第四項に規定する道府県法定外普通税及び市町村法定外普通税をいう。）、法定外目的税（同項に規定する法定外目的税をいう。）その他の政令で定めるものを除く。以下同じ。）に関し、次に掲げる事務を行うことを業とする。

一　税務代理（税務官公署（税関官署を除くものとし、国税不服審判所を含むものとする。以下同じ。）に対する租税に関する法令若しくは行政不服審査法（昭和三十七年法律第百六十号）の規定に基づく申告、申請、請求若しくは不服申立て（これらに準ずるものとして政令で定める行為を含むものとし、酒税法（昭和二十八年法律第六号）第二章の規定に係る申告、申請及び不服申立てを除くものとする。以下「申告等」という。）につき、又は当該申告等若しくは税務官公署の調査若しくは処分に関し税務官公署に対してする主張若しくは陳述につき、代理し、又は代行すること（次号の税務書類の作成にとどまるものを除く。）をいう。）

二　税務書類の作成（税務官公署に対する申告等に係る申告書、申請書、請求書、不服申立書その他租税に関する法令の規定に基づき、作成し、かつ、税務官公署に提出する書類（その作成に代えて電磁的記録（電子的方式、磁気的方式その他の人の知覚によつては認識することができない方式で作られる記録であつて、電子計算機による情報処理の用に供されるものをいう。第三十四条において同じ。）を作成する場合における当該電磁的記録を含む。以下同じ。）で財務省令で定めるもの（以下「申告書等」という。）を作成することをいう。）

三　税務相談（税務官公署に対する申告等、第一号に規定する主張若しくは陳述又は申告書等の作成に関し、租税の課税標準等（国税通則法（昭和三十七年法律第六十六号）第二条第六号イからへまでに掲げる事項及び地方税に係るこれらに相当するものをいう。以下同じ。）の計算に関する事項について相談に応ずることをいう。）

2　税理士は、前項に規定する業務（以下「税理士業務」という。）のほか、税理士の名称を用いて、他人の求めに応じ、税理士業務に付随して、財務書類の作成、会計帳簿の記帳の代行その他財務に関する事務を業として行うことができる。ただし、他の法律においてその事務を業として行うことが制限されている事項については、この限りでない。

3　前二項の規定は、税理士が他の税理士又は税理士法人（第四十八条の二に規定する税理士法人をいう。次章、第四章及び第五章において同じ。）の補助者としてこれらの項の業務に従事することを妨げない。

第二条の二　税理士は、租税に関する事項について、裁判所において、補佐人として、弁護士である訴訟代理人とともに出頭し、陳述をすることができる。

2　前項の陳述は、当事者又は訴訟代理人が自らしたものとみなす。ただし、当事者又は訴訟代理人が同項の陳述を直ちに取り消し、又は更正したときは、この限りでない。

（調査の通知）

第三十四条　税務官公署の当該職員は、租税の課税標準等を記載した申告書を提出した者について、当該申告書に係る租税に関しあらかじめその者に日時場所を通知してその帳簿書類（その作成又は保存に代えて電磁的記録の作成又は保存がされている場合における当該電磁的記録を含む。以下同じ。）を調査する場合において、当該租税に関し第三十条の規定による書面を提出している税理士があるときは、あわせて当該税理士に対しその調査の日時場所を通知しなければならない。

税務運営方針

（昭和51年4月1日、国税庁）

「税務運営方針」は１９７６年４月１日付けで、国税庁長官が税務職員に対し、税務行政をどのように行うのか、納税者にどのような考え方で接するのかなどを、体系的にまとめ、通達したものです。現在も税務行政の指針とされ、税務職員はこの通達を遵守しなければなりません。納税者・税理士にとって、大変参考になると考え、目次を作成した上で必要なところを抜粋してご紹介します。

目次

（1）調査と指導の一体化
（2）広報活動の積極化
（3）税務相談活動の充実
（4）納税者に対する応接
（5）不服申立事案の適正かつ迅速な処理
（6）部内相互の連絡の緊密化（略）
（7）地方公共団体及び関係民間団体との協調（略）
（8）電子計算組織の利用と事務合理化の推進（略）

3. 組織管理と職場のあり方

（1）庁局署の関係（略）
（2）適正な事務管理と職員の心構え（略）
（3）職員の教育訓練（略）
（4）綱紀の粛正（略）
（5）職場秩序の維持（略）
（6）職場環境の整備（略）
（7）職員の健康管理（略）

第二　各論

1. 直税関係

（1）直税事務運営の目標と共通の重点施策
（2）各事務の重点事項

2. 調査査察関係

（1）調査課事務運営の目標と重点事項（略）

（2）査察事務運営の目標と重点事項（略）

3. 間税関係

（1）間税事務運営の目標と共通の重点施策（略）

（2）各事務の重点事項（略）

4. 徴収関係

（1）徴収事務運営の目標と共通の重点施策（略）

（2）各事務の重点事項（略）

5. 不服申立て関係

（1）異議申立て関係（略）

（2）審査請求関係（略）

税務運営方針（抄）

第一 総論

1. 税務運営の基本的考え方

租税は、国民が生活を営んでいく上で必要な公共的経費に充てるため、各自が負担するものである。税務行政の使命は、税法を適正に執行し、租税収入を円滑に確保することにあるが、申告納税制度の下における税務行政運営の課題は、納税者のすべてがこのような租税の意義を認識し、適正な申告と納税を行うことにより、自主的に納税義務を遂行するようにすることである。税務運営においては、この課題の達成を究極の目標として、その基盤を着実に築き上げていくことを、その基本としなければならない。

　このような理念に立って、税務運営の基本的考え方を示すと、次のとおりである。

(1) 納税者が自ら進んで適正な申告と納税を行うような態勢にすること

——近づきやすい税務署にすること——

納税者が自ら進んで適正な申告と納税を行うようになるには、納税者が租税の意義を理解し、その義務を自覚するとともに、税法を理解し、正しい計算のために記帳方法などの知識を持つことが必要である。このため、広報、説明会、税務相談などを通じて、納税についての理解を深め、税法等の知識を普及するとともに、記帳慣習を育成することに努める。特に課税標準の調査に当たっては、事実関係を的確に把握し、納税者の誤りを是正しなければならないことはもちろんであるが、単にそれにとどまらないで、それを契機に、納税者が税務知識を深め、更に進んで納税意識をも高めるように努めなければならない。

　このように、申告納税制度の下では、納税者自らが積極的に納税義務を遂行することが必要であるが、そのためには、税務当局が納税者を援助し、指導することが必要であり、我々は、常に納税者と一体となって税務を運営していく心掛けを持たなければならない。

　また、納税者と一体となって税務を運営していくには、税務官庁を納税者にとって近づきやすいところにしなければならない。そのためには、納税者に対して親切な態度で接し、不便をかけないように努めるとともに、納税者の苦情あるいは不満は積極的に解決するよう努めなければならない。また、納税者の主張に充分耳を傾け、いやしくも一方的であるという批判を受けることがないよう、細心の注意を払わなければならない。

(2) 適正な課税の実現に努力すること

国民の納税道義を高め、適正な自主申告と納税を期待するには、同じような立場にある納税者はすべて同じように適正に納税義務を果すということの保証が必要である。このため、申告が適正でない納税者については、的確な調査を行って確実にその誤りを是正することに努め、特に悪質な脱税に対しては、厳正な措置をとるものとする。

なお、このようにして適正な課税を実現することが、また、法の期待する負担の公平を図り、円滑に租税収入を確保するゆえんのものであることを忘れてはならない。

(3) 綱紀を正し、明るく、能率的な職場をつくること

国民の納税道義を高め、税務に対する納税者の信頼と協力をかち得るため、税務における職務の執行は、最も公正でなければならないし、職場における執務態勢は、規律正しく、明るくかつ能率的でなければならない。職員は、各自が国家財政を担っているということを自覚し、職場に誇りを持ち、厳正な態度で自らを律しなければならない。そのことがまた、納税者にとって近づきやすい税務官庁にするゆえんでもある。

また、すべての職員が自発的かつ積極的に、それぞれの能力を十分に発揮しながら、打ち解けて明るい気持ちで勤務できる職場をつくるよう、管理者はもちろん、職員の一人一人が努力しなければならない。

2　事務運営に当っての共通の重要事項

（1）調査と指導の一体化

イ　申告納税制度の下における税務調査の目的は、すべての納税者が自主的に適正な申告と納税を行うようにするための担保としての役割を果すことにある。すなわち、適正でないと認められる申告については、充実した調査を行ってその誤りを確実に是正し、誠実な納税者との課税の公平を図らなければならない。

さらに、調査は、その調査によってその後は調査をしないでも自主的に適正な申告と納税が期待できるような指導的効果を持つものでなければならない。このためには、事実関係を正しく把握し、申告の誤りを是正することに努めるのはもちろんであるが、それにとどまることなく、調査内容を納税者が納得するように説明し、これを契機に納税者が税務知識を深め、更に進んで将来にわたり適正な申告と納税を続けるように指導していくことに努めなければならない。調査が非違事項の摘出に終始し、このような指導の理念を欠く場合には、納税者の税務に対する姿勢を正すことも、また、将来にわたって適正な自主申告を期待することも困難となり、納税者の不適正な申告、税務調査の必要という悪循環に陥る結果となるであろう。

ロ　他方、現状においては、記帳に習熟していないことなどから、自らの力では正しい申告を行うことが困難な納税者が多く、また、問題点を指摘し、又は助言することによって適正な申告が期待できる納税者も少なくない。このような納税者について、何らの指導もしないでその申告を待つことは、自主的に適正な申告ができる納税者を育成していくためにも、また、調査事務を重点的、効率的に運営していく見地からも適当でない。従って、このような納税者については、必要に応じて、記帳、決算、課税標準の計算などについて、個別的又は集団的に指導を行う。

この場合においても、その納税者の実態を的確に把握していないと、効果的な指導をすることは難しい。また、同業者など類似の納税者の経営諸指標との対比で説明しなければ説得力を欠く場合が多い。従って、このような指導を行うに当っても、その納税者の実態を把握し、あるいは、業種別の経営の実態を知るために、必要な調査を的確に行っておくことが肝要である。

(2) 広報活動の積極化

イ　広報は、申告納税制度の基盤を築き上げていく上で、調査及び指導と並んで重要な意義を持つものである。

広報のねらいは、このような目的との関連で、①納税道義の高揚を図ること、②税法、簿記会計等税務に関する知識の普及と向上を図ること、③申告期限、納期限等について、納税者の注意を喚起すること、④納税者と税務当局との相互の理解を深め、両者の関係の改善を図ることに大別される。

広報活動の展開に当っては、そのねらいを明確にし、ねらいに即して対象、テーマ、時機及び媒体などを適切に選ぶことが肝要である。

(イ)　納税道義の高揚をねらいとする広報は、国民一般を対象とし、租税が国の財政にとってどのような意義を持っているか、租税が国民生活にどのように還元されているか、国民の各階層がどのように税を負担しているか、また、これらが諸外国でどうなっているか、などをテーマとし、現代民主主義国家における租税の意義、福祉国家における租税の重要性などに対する国民一般の理解を深めることによって、国民の納税義務に対する自覚を高めることに資する。

このような広報活動は、庁局署がそれぞれの分野で行うものとするが、特に庁は、各種の資料を局署に提供するほか、テレビ、ラジオ、新聞等の広域的な広報媒体を通じて、全国的な広報活動を行う。

なお、小学校の児童や中学校・高校の生徒に対して、租税に関する正しい知識を広めることは、納税道義の高揚に寄与するところが大きいので、各種の学校に対し租税教育用教材を提供することに努めるほか、教師の租税及び財政に関する研究の便を図ることにも配意する。

（ロ）税務に関する知識の普及と向上をねらいとする広報は、納税者の所得などの規模、税務についての知識の程度などに応じて、税法、記帳、税額の計算方法など、実務上必要な知識を平易な表現で提供し、自主的に正しい申告と納税を行える納税者を多くすることに努める。このような広報活動は、庁局署がそれぞれ担当するものとし、庁局は主として、テレビ、ラジオ等を利用する広域的な広報を担当するほか、局署に対し、パンフレットなどの資料を提供する。署は、主として、各種の講習会や説明会を開催し、地域的な広報を行う。

なお、税務大学校における租税の理論的研究の成果を積極的に発表し、税制の理念、租税の理論についての国民の理解を深めることに努める。

（ハ）申告期限、納期限等については、庁局署がそれぞれ効果的な時機と効率的な媒体を選び、その周知の徹底を図る。

（ニ）納税者と税務当局との関係の改善を図る広報としては、納税者にとって近づきやすく、また、納税者に信頼される税務署というイメージをつくることが特に必要である。このため、納税者に税務行政の現状等を紹介して、税務に対する理解を得ることに努めるとともに、特に税務に携わる職員のすべてが自ら広報担当者であるという心掛けを持って、納税者に接するようにしなければならない。

ロ　税務の広報は、実施に当って様々な制約が多く、ともすれば消極的な姿勢に陥る傾向がある。従って、庁局署の幹部は、広報のテーマ、発表内容、時機などについて、自ら責任を持って適切な判断を下し、積極的かつ効果的な広報を行うことに努める。

ハ　広報活動を行うに当っては、税理士会、日本税務協会、青色申告会、法人会、間税協力会、納税貯蓄組合、商工会議所、商工会等の関係民間団体の協力を得るように努める。

(3) 税務相談活動の充実

納税者が自ら積極的に納税義務を遂行するためには、納税者が気軽に相談できるような税務相談体制を整備することによって、納税者を援助することが大切である。このため、テレホンサービスの拡充、地区派遣相談官制度の増設等国税局税務相談室の機能を一層充実し、併せて税の相談日による面接相談の活用を図るとともに、税理士会等関係民間団体が行う税務相談との緊密な連携に配意する。

イ　税務相談に当っては、正確で適切な回答をするとともに、納税者の有利となる点を進んで説明し、納税者に信頼感と親近感を持たれるように努める。また、苦情事案については、納税者が苦情を申立てざるを得ないこととなった事情を考え、迅速、適切に処理する。

ロ　税務相談室においては、それぞれの実情に応じて最も効果的な方法で相談事務の一層の充実を図るとともに、苦情事案については、特に優先的に処理するよう配慮する。

ハ　税務署における税務相談については、「税の相談日」のあり方に更に一段と工夫を凝らし、納税者の利用の便に配慮する。

また、苦情事案については、幹部職員がこれに当り、積極的に解決に努める。

(4) 納税者に対する応接

イ　税務という仕事の性質上、納税者は、税務官庁をともすれば敷居の高いところと考えがちであるから、税務に従事する者としては、納税者のこのような心理をよく理解して、納税者に接することが必要である。

　このため、税務署の案内や面接の施設の改善に努め、納税者が気楽に税務相談に来ることができるよう配慮するとともに、窓口事務については、納税者を迎えるという気持になって、一層の改善に努める。また、国税局の税務相談室及び税の相談日がより一層利用されるようにする。

　なお、納税者に来署を求めたり、資料の提出を求めたりする場合においても、できるだけ納税者に迷惑を掛けないように注意する。

ロ　納税者の主張には十分耳を傾けるとともに、法令や通達の内容等は分かりやすく説明し、また、納税者の利益となる事項を進んで知らせる心構えが大切である。

ハ　税務行政に対する苦情あるいは批判については、職員のすべてが常に注意を払い、改めるべきものは速やか改めるとともに、説明や回答を必要とする場合には、直ちに適切な説明や回答を行うよう配慮する。

（5）不服申立事案の適正かつ迅速な処理

イ　不服申立ての処理に当っては、原処分にとらわれることなく、謙虚に納税者の主張に耳を傾け、公正な立場で適切な調査を行い、事実関係の正しい把握、法令の正しい解釈適用に努めるとともに、事案の早期処理を図り、納税者の正当な権利、利益の保護に欠けることのないように配慮する。

　特に、国税不服審判所においては、それが税務行政部内における第三者的機関として設けられている制度的趣旨に顧み、その運用に当っては、総額主義に偏することなく、争点主義の精神を生かしながら、充実した合議を行い、権利救済の十全を期する。

ロ　不服申立事案の適正、円滑な処理を通じて反省を行い、税務行政の改善に努める。また、広報活動を活発に行って、納税者のための権利救済制度の周知に努める。

第二　各論

1　直税関係

（1）直税事務運営の目標と共通の重点施策

直税事務は、社会の各層にわたる極めて多数の納税者を対象とし、加えて、納税者の生活や業務に直接影響するところが大きい所得又は資産などを課税の対象としていることから、その運営の適否は、単に直税事務にとどまらず、広く税務行政全般に対する信頼感、ひいては国民一般の納税道義に影響を持つものである。

従って、直税事務を適正に運営し、もって納税者間の負担の公平を図ることは、税務行政全体にとって極めて重要なことである。

申告納税制度の下における直税事務の目標は、すべての納税者が自ら正しい申告を行うようにすることにある。

このため、事務の運営に当っては、納税者の税歴、所得又は資産の規模、税額などに応じて、それぞれの納税者に即した調査と指導を一体的に行うことが必要である。

このような見地から、直税事務の運営に当っては、次の諸点に施策の重点を置く。

イ　青色申告者の育成

自主的に正しい申告のできる納税者を育成するについて、その中核をなすものは青色申告であるから、青色申告者の増加と育成に一層努力する。

このため税理士会との協調を図りつつ、商工会議所、商工会、青色申告会、法人会等の関係民間団体との連携強化を更に進め、これらの団体の指導を通じて、納税者の記帳慣行の醸成と自主的な申告納税の向上が行われるようにする。

ロ　調査の重点化

限られた稼働量で最も効率的な事務運営を行うため、調査は納税者の質的要素を加味した上、高額な者から優先的に、また、悪質な脱漏所得を有すると認められる者及び好況業種等重点業種に属する者から優先的に行うこととする。

このため、調査の件数、増差割合等にとらわれることなく、納税者の実態に応じた調査日数を配分するなど、機動的、弾力的業務管理を行うよう留意する。

ハ　調査方法等の改善

税務調査は、その公益的必要性と納税者の私的利益の保護との衡量において社会通念上相当と認められる範囲内で、納税者の理解と協力を得て行うものであることに照らし、一般の調査においては、事前通知の励行に努め、また、現況調査は必要最小限度にとどめ、反面調査は客観的にみてやむを得ないと認められる場合に限って行うこととする。

なお、納税者との接触に当っては、納税者に当局の考え方を的確に伝達し、無用の心理的負担を掛けないようにするため、納税者に送付する文書の形式、文章等をできるだけ平易、親切なものとする。

また、納税者に対する来署依頼は、納税者に経済的、心理的な負担を掛けることになるので、みだりに来署を依頼しないよう留意する。

ニ　有効な資料・情報の収集とその活用

資料・情報は、調査対象の選定、調査ポイントの抽出などに役立つことにより、調査事務を効率化するとともに、各税事務を有機的に結び付け、調査の内容を充実するものであるので、その収集に当っては、活用効果が特に大きいと認められるものに重点を置き、調査に当っては、収集した資料・情報を十分活用することに努める。また、この趣旨を生かすよう、その事績についても的確な管理を行う。

ホ　納税秩序の維持

税務調査は、納税者相互間の負担の公平を図るため、国民からの信託を受けてこれを実施するものであり、すべての納税者は、本来その申告の適否について調査を受ける立場にある。従って、各種の妨害行為をもって税務調査を阻む者に対しては、納税秩序を維持し、かつ、課税の適正を期するため、これらの妨害行為に屈することなく、的確な調査を行い、一般納税者との間に、不均衡が生ずることのないよう特段の配意をする。

へ　各事務系統の連携の強化

直税各税の事務は、経済活動の高度化とともに、ますます密接な関連を持ってきていることに加え、部門制の採用による事務の専門家と統括官の増加により、直税事務を一体的に運営することの必要性がますます高くなってきている。従って、事務の運営に当っては、資料の効率的収集及び活用、同時調査、同行調査、連鎖調査の効果的な実施などにより、所得税、法人税及び資産税の各税事務が、有機的連携の下に行われるよう配意する。

なお、必要に応じ局署間、事務系統間の応援を積極的に行う。また、直税職員は、納税者の転出入に伴う処理その他徴収部門に対する所要の連絡を迅速確実に行うことはもちろん、徴収部門から賦課交渉があった場合などには、速やかに見直しなど所要の処理を行い、あるいは調査等で知り得た徴収上参考となる事項を確実に徴収部門に連絡するなど、徴収事務との連絡協調に努める。

ト　事務管理のあり方

事務の管理に当っては、重複した管理を行うことにより管理事務の増大を来すことのないよう、効率的な事務管理に努めるほか、次の諸点に配意する。

（イ）事務計画の策定に当っては、職員、特に上席調査官等経験豊富な者の意見を聴取し、職員の建設的な意見を事務計画に採り入れるよう配慮する。

（ロ）事務の分担の付与に当っては、職員の経験、適正、事案の難易等を総合勘案し、適切な分担付与を行うことに努める。特に上席調査官には重要かつ困難な事案を付与する。

（ハ）事務の進行管理に当っては、職員の創意工夫を生かすよう、職員の経験、能力、事案の内容等に応じて、それぞれ適切な管理を行うことに努める。

（2）各事務の重点事項

イ　資料関係

（イ）資料の収集については、調査事務との関連において、収集すべき資料の種類及びその収集先に工夫を凝らし、いたずらに収集枚数にとらわれることなく、調査に直結する有効な資料の収集に努める。特に、調査の過程でなければ得られない資料について、収集の徹底を図る。

　また、管理者は、重点調査対象業種の選定に役立つ資料・情報の収集についても、特段の配慮をする。

（ロ）資料の活用については、一枚の資料であっても関連する税目の調査にそれぞれ使用するなど、その多角的な活用に努めるものとする。また、調査は資料を十分に活用することによって深められるものであるから、管理者は、資料が確実に活用されているかどうかについて、徹底した管理を行う。

（ハ）資料源の開発については、担当者が当るほか、一般の調査、法定資料の監査等の機会を通じて、積極的に有効資料源の開発に努める。

（ニ）　個々の資料・情報が関連して相互にその内容を補完し合い、納税者の実態把握に十分その効果を発揮するよう、資料・情報を長期にわたって蓄積し、継続して管理することに努める。

（ホ）　資料事務の運営に当っては、収集された資料の活用結果を把握し、どのような資料が有効か、また、どのような収集方法が効率的かについて分析を行い、事後における資料収集事務の改善を図る。

ロ　所得税関係

申告納税制度の趣旨に沿った事務運営を行うため、次の点に配意しつつ事後調査体系の一層の定着に努める。

（イ）　納税者が、自ら課税標準について正しい計算を行い、また、その経営を合理化していくためには、日々の取引を正確に記録する慣習がその前提となる。

この記帳慣習を育成していくため、青色申告制度はその中核をなすものであるから、今後も引続き、青色申告者の増加に積極的に努力するとともに、適切な指導又は調査を通じて、青色申告者の質的水準の向上を図る。

なお、その普及及び指導については、地方公共団体及び関係民間団体の協力を積極的に求め、また、これらの団体の指導の対象となった事案については、それぞれの実情に応じ、その指導の効果が生かされるよう配意する。

（ロ）　確定申告期における納税相談は、そのための来署依頼を原則として行わず、申告書の作成に必要な事項について相談を行うこととし、納税者自身による自発的な申告の慣行を定着させるよう努める。

（ハ）　調査は、事後調査を主体として実施するが、調査対象選定のための申告審理事務は、細かいものを省略して効率的な処理を図るなど合理的運営に努める。

また、事後処理についても高額中心に行うとともに、適正申告を行う納税者を長期的に育成していく見地から運営する。

(ニ)　営庶業所得者については、白色申告者と青色申告者の別及び所得者層の別に応じて適切な指導及び調査を行うこととし、白色申告者に対しては青色申告者より高い調査割合を確保するとともに、高額所得者を中心として調査内容の充実に努める。

(ホ)　その他所得者については、所得の把握が困難であるので、その管理及び調査について相当の努力をする必要がある。従って、調査技法の開発に努めるとともに、都会署におけるその他所得の調査事務量を増加し、適切な調査対象を選定し、充実した調査を行う。

(ヘ)　一般農家に対する標準課税の事務及び農外所得の把握については、地方公共団体及び農業団体の積極的協力を求めることとし、特殊経営農家については、個別調査指導方式による。

ハ　法人税関係

(イ)　申告納税制度の下での法人税事務は、自主的に適正な申告を行う法人を着実に育成することを目標としなければならない。

このため、個々の法人の申告内容を的確に把握し、その内容に応じて質的な区分を行い、指導によって適正な申告が期待できる法人に対しては、きめ細かな指導を根気よく行うとともに、他方、大口、悪質な不正を行っている法人又は不正計算を繰返している法人に対しては、常に徹底した調査を行い、調査を通じてその是正を図るなど、その実態に即した指導又は調査を行う。

(ロ)　法人の質的区分に応じた事務運営の体制は、年々の法人税事務の着実な積重ねの上にはじめて可能となるものであるから、法人に対する指導又は調査の際に把握したその人的構成、帳票組織、内部けん制の状況等の情報は、申告内容の検討結果とともに、その都度確実に記録保存し、法人の長期的管理に資することに努める。

（ハ）法人数が年々増加し、取引が大型化かつ複雑化している現状において、法人の実態を的確に把握するためには、職員一人一人の創意工夫によって、事務処理の効率化を図る必要がある。

このため、事務分担の方式については、あらかじめ業種又は地域等により分担を定め、同一の職員に調査・指導対象の選定から調査・指導及びその事後措置に至る一連の事務を担当させることを原則とし、個々の職員の責任を明確にし、その能力を最大限に発揮できる体制を確立することに努める。

二　源泉所得税関係

源泉徴収制度の運営の適否は、源泉徴収義務者のこの制度に対する理解と認識のいかんによって影響されるところが大きいことに顧み、指導をその事務運営の基本として、優良な源泉徴収義務者の育成に努める。また、管理が多元化している現状に対処し、源泉所得税事務に関する責任体制を明確にして、その事務処理の的確化が図られる管理体制を確立する。

このため、源泉所得税事務における施策の重点を次の諸点に置く。

（イ）源泉徴収義務者の把握は、源泉所得税事務の基盤となるものであるから、あらゆる機会を通じて源泉徴収義務者を確実に把握することに努める。また、その業種、業態、規模等に応じて適切な指導を行い、関係法令、通達等その制度の周知徹底を図り、優良な源泉徴収義務者の育成に努める。

（ロ）法源同時調査及び所源同時調査の体制は、調査事務の効率的な運営、納税者感情などの見地から設けられたことに顧み、一層これを推進する。

源泉単独調査をはじめとするその他の事務については、専担制による事務運営の体制を確立し、これを中軸として源泉所得税事務に従事する職員の源泉徴収制度に対する認識を高め、事務処理の的確化に資する。

（ハ）　源泉所得税に関する事務を所掌する所得税及び法人税に関する部門並びに管理・徴収部門の各職員は、他の事務系統で所掌している事務との関連性を十分認識し、それぞれの事務が一体として運営されるよう、各事務系統間の連絡協調について特段の努力を払う。

ホ　資産税関係

国民の生活水準の向上、資産の蓄積の増大等に伴い、資産税の課税の適正化に対する社会的要請がますます大きくなっている。

従って、資産税事務の運営に当っては、次の諸点に配意して適正な課税の実現に努める。

（イ）資産税事務について、限られた人員で適正かつ効率的な運営を行うため、事務又は事案の重要度に応じて稼働量の重点的配分を行い、合理的な運営の徹底に努める。

この場合、例えば譲渡多発署にあっては譲渡所得事務に重点を置くなど、各署の実情に応じて各事務への適切な事務量の配分を行うほか、必要に応じ、局員又は他署職員による応援を適切に実施し、局署を通ずる機動的な事務運営に努める。

（ロ）資産税関係の納税者は、関係法令などになじみが薄い場合が多いので、地方公共団体及び税理士会、農業協同組合等の関係民間団体を通じて積極的な広報活動を行い、関係法令等の周知を図る。

また、税の相談日、譲渡所得の集合説明会等の機会を活用して、自主的に適正な申告がなされるよう適切な指導を行うとともに、納付方法についても必要な説明をする。

なお、来署依頼による納税相談を実施する場合、その対象の選定に当っては、少額事案を極力省略して高額重点の考え方を徹底するとともに、その後の事務処理が効率的にできるように十分配意する。

（ハ）　調査事務量を確実に確保するため、納税相談事務の合理化、内部事務の簡素化など事務処理の一層の効率化に努める。

実地調査は、資産税の各税目を通じて脱漏税額の大きいと認められるものに重点を置き、各事案の内容に応じ必要かつ十分な調査日数を投下してこれを処理する。

特に譲渡所得事案については、事務年度内の処理の完結にこだわることなく、他事務系統との連携調査等又は同行調査を積極的に展開するよう配意する。

（二）　財産評価の適否は、相続税、贈与税の適正・公平な課税に極めて大きな影響を及ぼすものであるから、評価基準の作成に当っては、その精度の向上に努め、評価基準の適用に当っては、評価財産の個別事情に即応した的確な運用に配意する。

資料編 3

第72回国会衆議院本会議決議（1974年6月3日）

■第72回国会で採択された「中小業者に対する税制改正等に関する請願（第１４０３号）」

1、　税制改革について

（1）　現行の事業主報酬制を改め、青色・白色を問わず店主・家族専従者の自家労賃を認め、完全給与制とすること。

（2）　大資本に対する特権的な租税特別措置を無くし、法人税を累進制とし、小法人の税率を大幅に引き下げること、等。

2、　税務行政の改善については、税務調査に当たり、事前に納税者に通知するとともに、調査の理由を開示すること。

3、　請願の議決理由

昨今の経済情勢のもとにおいて中小企業者の経営安定等に資するために、企業税制についてさらに根本的に検討する必要を認め、本請願はこれを議院の会議に付して採択すべきものと議決した。なお、本請願はこれを議院において採択の上は、内閣に送付すべきものと認める。

資料編 4

●納税者のための税務調査10カ条

大阪総合会計事務所では、税務調査の際の納税者の心得を10カ条 にまとめています。本書でみなさんにお伝えしたかったことのダイジェストです。

第1条　令状なしの税務調査（任意調査）は、納税者の承諾と協力が必要です。問答無用の調査は違法です。税理士が人権を守ります。万が一のために、ビデオ、カメラ、テープを用意しておきましょう。

第2条　いきなり税務署員が来たら、はっきり断りましょう。そして、その場で税理士に連絡して下さい。身分証明書の提示を必ず求め、所属と氏名を書きとめましょう。

第3条　税務署からの電話には、あわてずに用件と氏名を聞き、すぐ税理士に連絡しましょう。
調査の日時は、税理士と相談して、都合のいい日に決めましょう。

第4条　なぜ調査に来たのか、その理由を確かめましょう。
任意調査で調査理由の開示を求めるのは、納税者の当然の権利です。

第5条　税務署員の質問に、曖昧な回答は誤解をまねきます。即答する必要はありません。
不明確なことは、よく調べて回答し、主張すべきことは主張しましょう。

第6条　金庫、引き出しなどを勝手に調べることはできません。店舗、倉庫への立入りも、納税者の承諾なしにはできません。
納税者の承諾のない、これらの行為は違法です。黙認せず厳重に抗議しましょう。

第7条　勝手に帳簿等を持ち帰ることはできません。コピーの求めに必ずしも応じる必要はありません。
納税者が納得できないものは、はっきり断りましょう。

第8条　呼び出し、お尋ね文書には、法律上の強制力はありません。税理士に相談してください。
応じるかどうかは、納税者の判断にまかされています。

第9条　取引先や銀行などへの反面調査は納税者の承諾が必要です。
無断の反面調査があれば、強く抗議しましょう。

第10条　納得できない修正申告の強要は違法です。
修正内容については、税理士と十分相談しましょう。

【参考文献】

『税法学原論』（北野弘久著、青林書院新社）
『税務調査の法律知識―税務職員の調査ノウハウ―』（東京税財政研究センター）
『税務調査とのたたかい―納税者の権利をまもる手引き』（浦野広明著、新日本出版社）
『改訂版　どんと来い税務署　もっと安くなる税金作戦』（吉田敏幸著、ＫＫベストセラーズ）
『経営者のための　税務調査を楽しむ40のレッスン』（大阪総合会計事務所）
『「納税者権利憲章」制定への一里塚』（北村人権侵害事件記録集編集委員会）
『平成21年度版税務ハンドブック』（宮口定男著、コントロール社）
「国税庁レポート２００９」
「国税庁レポート２０１０」
「大阪国税局管内税務職員録」（税務研究会関西総局編）
『納税者権利憲章の制定をめざして２.10シンポジウム「ルールなき税務行政」をただす』

あとがき

本書は、私たちが長年にわたって実際の税務調査の現場で経験した事柄や、関係資料を読むなど学習してきたことを、今後の税務調査の現場で生かすことを願って出版しました。納税者は憲法に定められた納税義務を果たすために適正な申告・納税を心がけ、税理士は納税者の権利を擁護する代理人としての役割を担い、調査官は憲法に定められた納税者の権利を尊重し、納税者・税理士と対等・平等な立場で税務調査を行うことが求められています。

したがって、税務調査にあたって、調査官は納税者・税理士に納得できる調査の具体的必要性を明確に示し、調査は納税者の権利を尊重して負担は最小限にとどめて行う、これが理想ではないでしょうか。

一方、納税者に求められる納税のための税制は、憲法に定められた応能負担に則ったものであるのが本来の姿のはずです。しかし、本来の税制からかけ離れ、不公平感が免れないのが現状ならば、それを糾《ただ》すことも非常に重要なことです。また、納税した税金が平和で豊かな暮らしのために使われていなければ、これも糾さなければなりません。これらのことも含めての憲法で定める納税義務だと、私たちは考えます。

本書を読んでいただきたいのは、納税者だけではありません。税務調査に立ち会う税理士、税務調査を担当する調査官にも一読いただきたかったのです。税務調査にあたって、三者それぞれの権利と義務を認識すると共に、あり方をより良くしていくための一助になることを願うからです。それぞれの立場で、税務調査を考えるきっかけになれば幸いです。

本書の執筆にあたっては、表現をできるだけ平易にするよう心がけましたが、納税者のみなさんには馴染みのない専門的な用語や表現も含まれていたかもしれません。そのような点について、税理士さんたちと話し合っていただければと思います。また、納税者の権利・義務については、未だ解明されていない点など、まだ多くの課題を残しています。忌憚のないご意見をお寄せいただくことを願っています。

この本の出版に当たり、企画・編集にご尽力いただいたフリーライターの井上理津子さん、出版を快く引き受けてくださった西日本出版社の内山正之さん、長時間の対談にご協力いただいた元調査官の皆さん、本当にありがとうございました。

また、資料整理や校正などに、忙しい仕事の合間を縫って協力してくれた事務所のスタッフの手助けもあって、何とか出版にこぎ着けることができました。この本の出版に関わっていただいたすべてのみなさんに、心からお礼申し上げます。

2010年9月1日（大阪総合会計事務所創立20周年の日）

清家　裕
竹内克謹

税理士法人　大阪総合会計事務所

- 大阪市中央区瓦町3丁目3番7号
- TEL　06-6202-9251
- 創　立　1990年9月1日
- 税理士　清家　裕（1947年生まれ　同志社大学商学部卒業　1983年税理士登録）
- 税理士　楠　　薫（1960年生まれ　龍谷大学文学部卒業　1995年税理士登録）
- 税理士　橋本憲治（1957年生まれ　京都工芸繊維大学繊維学部卒業　2000年税理士登録）
- 税理士　竹内克謹（1960年生まれ　高知大学人文学部卒業　2003年税理士登録）
- 経営理念にもとづき税務・会計・経営面で、中小企業のサポート業務を展開

経営理念

一、事務所は、中小企業経営の健全な発展と多面的な要求の実現をめざします
一、事務所は、納税者の権利擁護と、税制・税務行政の民主化の運動をすすめます
一、事務所は、所員が学問の成果に学び専門的知識を身につけることをめざします
一、事務所は、所員が、文化的で豊かな生活を営む拠点となることをめざします
一、事務所は、以上の課題を実現するため多くの人々との協力をひろげます

知って得する
税務調査の奥の奥

2010年 10月 2日初版第一刷発行

著者…………清家　裕
竹内克謹
構成…………井上理津子
発行者………内山正之
発行所………株式会社西日本出版社
http://www.jimotonohon.com/
〒564-0044 大阪府吹田市南金田 1-8-25-402
[営業・受注センター]
〒564-0044　大阪府吹田市南金田 1-11-11-202
tel：06-6338-3078　fax：06-6310-7057
郵便振替口座番号　00980-4-181121

編集 …………松田きこ
デザイン …..尾崎閑也(鷺草デザイン事務所)
印刷・製本….株式会社シナノパブリッシングプレス

ISBN978-4-901908-59-7 C0033